Was ist faul im Staate Österreich?

Herwig Hösele

Was ist faul im Staate Österreich?

Eine Reformagenda

molden verlag

Inhalt

Ein Teil der Texte in diesem Buch basiert auf Beiträgen, die der Autor in den Jahren 2006 bis 2010 in der *Kleinen Zeitung*, im *Format* und im *Wirtschaftsblatt* publiziert hat.
Der besseren Lesbarkeit des Textes halber wurden Begriffe nicht gegendert und akademische Titel weggelassen. Dennoch sollte der Text geschlechtersensibel und wertschätzend gegenüber akademischen Graden verstanden werden.

Waltraud Klasnic

Die Zeit ist reif

Es hat schon unzählige Publikationen zum Thema Staats-, Verwaltungs- und Demokratiereform in Österreich gegeben. Mit diesem Buch wird ihnen eine weitere Schrift hinzugefügt. Und ich muss zugeben, dass ich dafür eine gewisse Mitverantwortung trage. Bei einem der vielen gemeinsamen Gespräche mit Herwig Hösele habe ich ihn im Sommer 2009 ermuntert, anlässlich des 90-jährigen Jubiläums der Österreichischen Bundesverfassung am 1. Oktober 2010 ein Buch herauszugeben, das zur ernsthaften Diskussion und zur Verwirklichung von Reformvorschlägen beiträgt.

Herwig war zunächst skeptisch: „Es hat doch schon so viele Reformversuche und Texte gegeben, die ergebnislos geblieben sind." Aber aus meiner Sicht ist jetzt angesichts der drängenden wirtschaftlichen und finanziellen Herausforderungen die Zeit vielleicht doch reif für notwendige und verantwortungsbewusste Schritte zur Veränderung.

Vor allem hat Herwig – soweit ich das überblicken kann – sich Zeit seiner publizistischen und politischen Tätigkeit für Politik- und Demokratiereform eingesetzt und seit den frühen 1970er Jahren entsprechende Texte verfasst – sei es für die Junge ÖVP, den Reintaler Kreis, das Modell Steiermark, die von ihm mitbegründete Schriftenreihe *politicum* oder die Diskussionen um das „Schweizer Modell" und die „Dritte Republik" in den 1980er Jahren an der Seite von Landeshauptmann Josef Krainer – u. a. gemeinsam mit Bernd Schilcher und Wolfgang Mantl.

Als ich 1996 Landeshauptmann der Steiermark wurde, führte er mir immer wieder die Wichtigkeit einer vitalen Demokratie vor

Augen. Gerne erinnere ich mich an spannende Diskussionsrunden etwa mit Fritz Molden und Alfred Payrleitner. 1997 arbeitete Klaus Poier – ermutigt und unterstützt von der Steirischen Volkspartei und mir – das Modell des minderheitenfreundlichen Mehrheitswahlrechts aus, das seither aus den Wahlrechtsdiskussionen nicht mehr wegzudenken ist. 1999 folgte das im Molden-Verlag erschienene, von Alfred Payrleitner herausgegebene Buch *Aufbruch aus der Erstarrung. Neue Wege in die österreichische Politik*
Seit 2001 kreisten die Überlegungen von Herwig Hösele immer wieder – bestärkt durch den EU-Konvent – darum, einen solchen strukturierten Beratungs- und Diskussionsvorgang auch in Österreich in Gang zu setzen. Diese Gedanken wurden in ähnlicher Form auch von einer Reihe von Politikern, Experten und Publizisten geäußert bzw. geteilt. Und zur Jahreswende 2002 fand Herwig dann einen kongenialen Partner, der politisches Gewicht mit hoher Sachkompetenz zu verbinden wusste: den neugewählten Präsidenten des Nationalrats und Verfassungsrechtler Andreas Khol. Seite an Seite setzten der Nationalratspräsident Khol und der Bundesratspräsident Hösele im ersten Halbjahr 2003 diesen Konvent durch und Bundeskanzler Wolfgang Schüssel nahm diese Idee in seine Regierungserklärung auf. Ich selbst konnte als turnusmäßige Vorsitzende der Landeshauptleutekonferenz zum Start des Österreichkonvents auch ein bisschen beitragen.
Diese Versammlung der geballten politischen Macht der Republik und der erlauchtesten Geister der Verfassungs- und Verwaltungswissenschaft Österreichs brachte zwar die bisher umfassendste Materialiensammlung und Problemauflistung zur Staatsreform zustande, zu einer gemeinsamen großen Reforminitiative glaubte man sich aber leider aus partei- und interessenpolitischen Motiven heraus nicht durchringen zu können. Das habe ich als ungemein schade empfunden, weil viel Sachverstand und Idealismus – und damit Energie – zwar nicht vergeudet, aber bestenfalls in den Stand-by-Modus versetzt wurden.

Wenn schon mit staatlichen Mitteln eine Demokratiereform nicht in Gang zu setzen ist, dann sollten wir die Bewusstseinsbildung für erforderliche Veränderungsprozesse wenigstens mit einer zivilgesellschaftlichen Initiative vorantreiben, lautete sodann das Motto. Erfahrene Persönlichkeiten aus der Politik, Publizistik, Wissenschaft und Wirtschaft gründeten 2008 nach monatelangen vorbereitenden Diskussionen die Initiative Mehrheitswahlrecht, die seit Frühjahr 2010 mit dem Zusatz „und Demokratiereform" firmiert. Ihre Spitzenexponenten sind Menschen, die viel für die Republik geleistet haben, stets ihren kritischen Geist bewahrt haben und denen die Zukunft der österreichischen Demokratie am Herzen liegt. Menschen, die nicht wollen, dass unser Gemeinwesen durch zu geringe Erneuerungsbereitschaft billige Beute von radikalen und fragwürdigen Populisten und Demagogen wird. Der Verfassungsrechtler, langjährige Minister und Spitzenparlamentarier (u. a. Klubobmann und zweiter Nationalratspräsident) Heinrich Neisser als Sprecher der Initiative, der legendäre ORF-Generalintendant Gerd Bacher als ihr *Spiritus Rector* sowie der langjährige Bildungs- und Wissenschaftsminister, Vizekanzler und VP-Bundesparteiobmann, EU-Sonderkoordinator und heutige Präsident des Europäischen Forums Alpbach, Erhard Busek, sind drei der prominentesten Mitglieder dieser Initiative, die von Herwig Hösele – mit dem im Understatement formulierten Titel „Sekretär", wie er sich wohl ein wenig kokett auch bei Josef Krainer II. und mir im Landeshauptmannbüro genannt hat – koordiniert wird. Diese drei Herren haben auch wirklich spannende und inhaltlich wertvolle Texte für dieses Buch verfasst, bevor im Anschluss an diese mit geistigem Vergnügen lesbaren drei Essays Herwig Hösele die wichtigsten Themen der notwendigen Staats- und Demokratiereform anreißt und einen Katalog von umsetzenswerten und umsetzbaren Reformvorstellungen anschließt. (Fast möchte man formulieren „natürlich": Es gehören auch Wolfgang Mantl, Fritz Molden,

Alfred Payrleitner, Klaus Poier und Bernd Schilcher, mit denen Herwig Hösele schon in den 1980er und 1990er Jahren reformatorisch aktiv war, der Initiative an.)

Das vorliegende Buch hat die Frage *Was ist faul im Staate Österreich?* im Haupttitel – unverkennbar das geflügelte Wort „Es ist etwas faul im Staate Dänemark“ aus Shakespeares *Hamlet* paraphrasierend. Mir erscheint es wichtig, dass der Titel im Gegensatz zur Feststellung in der berühmten Tragödie in Frageform gekleidet ist und somit eine positive Antwort ermöglicht und erhoffen lässt. Und im Untertitel wird ja die konstruktive Beantwortung angedeutet – *Eine Reformagenda.* Die geneigten Leser können und mögen sich überzeugen, dass in diesem Buch viel enthalten ist, was bei Nachdenken und Realisieren zu einer guten Zukunftsentwicklung Österreichs beitragen kann.

Denn es ist meine feste Überzeugung: Die Entwicklung des „neuen Österreichs“ der Zweiten Republik seit 1945 ist bei aller Kritik, die man im Detail durchaus üben kann und soll, eine Erfolgsgeschichte. Frauen und Männer haben aus den Trümmern des Krieges und einer grauenvollen und menschenverachtenden totalitären Diktatur ein imponierendes und respektgebietendes Aufbauwerk geschaffen. Es gab eine beispielhafte dynamische geistige und materielle Aufwärtsentwicklung zu Wohlstand und Prosperität, zu einer stabilen Demokratie und einem geräumigen Sozial- und Rechtsstaat. Dies geschah auf dem tragfähigen Fundament der 1920 in Kraft getretenen Bundesverfassung.

Dieser eindrucksvolle Weg sollte fortgesetzt werden. Die Erfolge, die teilweise unter größten Anstrengungen und unter schwierigsten Bedingungen erzielt wurden, sollten Ansporn, Auftrag und Verpflichtung sein. Wahrscheinlich ist unsere Republik jetzt an einer Weggabelung, bei der wir es gemeinsam in der Hand haben, zu entscheiden, in welche Richtung es weitergehen soll. Meine Zielvorstellung – und zugleich mein Wunsch – ist eindeutig: Wir können, müssen und werden unsere soziale Demokratie in Österreich weiter sichern und ausbauen. Österreich soll sich nicht nur zu einem global wettbewerbsfähigen Standort weiterentwickeln, sondern zu einem Standort, in dem sich die Menschen, die in diesem wunderbaren Land – einem der schönsten und wohlhabendsten der Welt – leben, wohlfühlen und engagieren. Ich setze auf die Verantwortlichen in Politik und Gesellschaft und baue vor allem auf das, was heute Zivilgesellschaft genannt wird: aktive und engagierte Bürger, die mehr für das Gemeinwesen tun, als ihre Pflicht ist. Gebraucht wird ein Klima der Mitmenschlichkeit, der Toleranz, der Achtung vor der Mit- und Umwelt, in dem solidarisches Denken und Handeln, in dem das Ehrenamt belohnt und der Egoismus hintangehalten wird, in dem Gerechtigkeit, Menschenrechte und Menschenwürde tragende Werte sind.

Es soll gelingen, diesen Weg zu beschreiten. Einige Markierungen dafür befinden sich in diesem Buch. Es wäre schön, wenn 2020 in einem weiteren Buch über die guten Fortschritte auf diesem Weg geschrieben werden könnte.

Gerd Bacher

Der Durchschnitt ist der Plafond

Demokratie ist von qualifizierter Führung abhängig

„Ein sehr mutiges Buch ... geschrieben mit eigensinniger Weisheit und frischer Wut." So urteilt *Die Zeit* über den Roman *Die Stadt der Sehenden* des im Juni 2010 verstorbenen portugiesischen Nobelpreisträgers José Saramago. In einem ungenannten kleinen westlichen Staat beziehen Politiker und Politik eine einmalige Abfuhr: Fast alle bei einer Wahl abgegebenen Stimmzettel sind weiß. Ausnahmezustand bricht aus, die Ämter schließen, die Bevölkerung aber lebt friedlich weiter, als ob die Nichtgewählten niemandem fehlten. Bis die Polizei mit Gewalt antwortet.

Österreich kann in dem Roman nicht gemeint sein, denn hier gibt es keine frische Wut. Obwohl (zu) viele Meinungsbefrager ermitteln, dass man in der Zweiten Republik mit der Politik noch nie so unzufrieden war.

Die Demokratie ist von der Qualität ihres politischen Personals abhängiger als jede andere Regierungsform. Möchte man glauben. Schließlich lebt sie davon, von den richtigen Leuten mit den richtigen Argumenten überzeugt zu werden. Das hat man in der Zweiten Republik auch schon erlebt. Aber auch das Gegenteil. Dann wird die Republik von Personen regiert, deren Karriere an ein Wunder grenzt. Politiker stehen an der Spitze von Einrichtungen mit kompliziertesten Aufgabenstellungen, die sie nie gelernt und auch nie gekonnt haben. Sie haben wenig Sachkenntnis,

Courage und Kommunikationstalent; sie sprechen keine Sprachen und reden trotzdem überall mit. Oft das entscheidende Wort. Viele ihrer Handlungen kommen nicht aus böser Absicht, sondern aus Unkenntnis, aus selbstbewusster Unfähigkeit. Bei Windstärke zwölf reicht es nicht, nur rudern zu können.
Wo sind heute die Raab, Kamitz, Olah, Koren, Kreisky, Androsch, Schüssel, um nur einige zu nennen? Es gibt sie, aber man ruft sie nicht, trotz Reformstau, trotz AUA, trotz BAWAG, trotz ORF usw. usw. Gemäß dem Sprichwort: Erstklassige Leute holen Erstklassige, Zweitklassige holen Drittklassige. Anstelle der Auswahl, der Elite, die man mit der Prominenz verwechselt, regieren Freunderlwirtschaft und Seilschaften des Durchschnitts. Die Durchschnittlichkeit, die die österreichische Politik prägt, resultiert nicht zuletzt aus der Gleichwertigkeit von oben und unten. Nicht Programme machen gute Zeiten, sondern Persönlichkeiten mit Kompetenz, Autorität, Mut auch zum Unpopulären. Österreich fehlen interessantere Politiker, die national wie international Beachtung, Aufmerksamkeit und Wirkung erzielen. Welche Schande, wie sich Parteien und Regierung bei den jüngsten Brüsseler Personalbesetzungen verhielten. Da gäbe es die Gusenbauer, Schüssel, Plassnik, Fischler. Sie sind offenbar zu gut. Gusenbauer wird von den eigenen Parteifreunden verhindert, Raiffeisen ist vermutlich außenpolitisch noch nicht ausreichend orientiert.
Die Binsenweisheit, dass Innenpolitik Außenpolitik ist und umgekehrt, hat sich noch nicht herumgesprochen. Warum sollten wir auch die Besten nach Brüssel schicken? Man vergegenwärtige sich, welche Repräsentanten, welches Ansehen und welchen Einfluss Kleinstaaten-Politiker in der EU haben: aus Finnland, Schweden, Dänemark, Luxemburg usw. In der EU wird unsere Zukunft entschieden und nicht von der Provinzialität, die Bund und Länder vernebeln.
Ich bewundere den Nachkriegsaufstieg Österreichs, aus einem Armenhaus Europas eines der reichsten Länder der Welt gemacht

zu haben. Das ist der politischen Klugheit großer Politiker zu danken, dem Fleiß und der Verlässlichkeit des Volkes und – man vergisst das gern – vielen hervorragenden Unternehmern. Die österreichische Wirtschaft hat sich auf Dauer viel kreativer, produktiver als die heimische Politik erwiesen. Die Qualität österreichischer Wirtschaftsführer wird am besten sichtbar, wenn man die Spitzenpositionen darstellt, die sie etwa in Deutschland einnehmen. Hätten wir Politiker in gleicher Zahl und Güte, so wären wir ein Wunder. Die Zukunft ist international, darüber kann auch die größte Hausmeisterzeitung der Welt nicht hinwegtäuschen.

Zur Zeit der Niederschrift dieses Beitrages ist die Welt mit der Bewältigung der Finanzkrise beschäftigt. Die Finanzkrise ist eine Koproduktion von Gaunern und Dummköpfen. Immerhin, Österreich ist dank richtiger Anfangsmaßnahmen bisher besser durchgekommen als befürchtet. Ausgestanden ist noch längst nicht alles, siehe Griechenland und mögliche Folgekatastrophen. Wo bleiben die in der tiefsten Krise beschworenen und versprochenen Finanzmarktreformen? Die Kontrollorganisationen, die angeblich eine Wiederholung des Veitstanzes der Globalisierung verhindern werden? Warum hat man Griechenland und andere Schwächlinge und Schwindler überhaupt in die EU aufgenommen? Aus politischer Traumtänzerei und ideologischer Freunderlwirtschaft? Will die EU endlich ein Global-Player sein, ein Riese, wie sie es an sich ist, dann muss sie ein Verein der Fähigen, Starken und Mutigen werden. Davon ist sie heute weit entfernt. Sie macht keinen viel besseren Eindruck als „unsere Helden." Der Europäischen Union fehlen die großen Persönlichkeiten wie ein Delors, Kohl, Mitterand – von den Gründervätern nicht zu reden, die zur rechten Zeit ein Machtwort sprachen.

Es ist dringend eine gemeinsame Wirtschaftspolitik der Euroländer einzurichten, die eine gemeinsame Währung fundamental braucht. Diese Erkenntnis stand am Anfang der Planung des

Euro – so steht's in den einschlägigen Verträgen. Die Regeln gab und gibt es, aber sie wurden sündhaft unterlaufen. Die Todsünde war die Missachtung des Stabilitätspaktes (Drei-Prozent-Klausel). Deutschland und Frankreich setzten hier das schlechte Beispiel, dem die meisten folgten.

Österreich sei reformunfähig geworden, schreibt Hannes Androsch. Es befände sich auf der Kriechspur, der viele Jahre alte Reformstau werde allmählich unbewältigbar und unser größtes Hindernis zur Bewältigung der Krise.

Vor lauter Krise ist der lebensgefährliche Reformstau fast von der politischen Agenda verschwunden. Die alte Weisheit, dass jede Krise die Chance großer Taten berge, ist hoffentlich nicht vergessen. Seit Jahrzehnten faselt die Politik von der Bundesstaatsreform. Die brauchbaren Resultate jahrelanger Expertenarbeit liegen ungenützt in den Schubladen: Verfassungsreform, Föderalismusreform, Neustrukturierung der Verwaltung von Bund, Ländern und Gemeinden, Verwaltungsvereinfachung, Ausmisten der Gesetzesdeponien usw. usw. Je nach Radikalität und Mut der Politik rechnen Rechnungshof und Wirtschaftsforschungsinstitute mit Einsparungen in der Gesamtverwaltung zwischen vier und elf Milliarden Euro jährlich. Also Summen, die Österreich zum Reformkaiser machen könnten.

Dieser Staat ist auf Dauer unfinanzierbar. Sozial- und Familienpolitik sind teilweise zur Wählerbestechung verkommen, Frühpensionierung, vor allem die berüchtigte „Hackler-Regelung", werden skandalös missbraucht. Politische Bonzen drohen dem Steuerzahler mit „wohlerworbenen Rechten" und verhöhnen jeden Reformgedanken. Österreich gehört zu den Staaten mit der weltweit höchsten Steuerquote. Sie liegt 15 Prozent über jener der Schweiz, aber die Schweiz funktioniert viel besser: vom Militär über Bahnen, Gesundheitswesen, Straßenbau bis zur Mitsprache des Bürgers. Staaten wie Finnland, an sich kleiner und ärmer als Österreich, laufen uns auf und davon, haben vernachlässigbare Staatsschulden und auch einen Zweiten Weltkrieg hinter sich. Das Rätsel ist nur durch eine intelligentere Politik und einen realistischen Souverän zu erklären. Österreich frisst seinen Wohlstand auf.

Das Teuerste – rein materiell gesprochen – an und in Österreich ist der aufgeblähte Föderalismus. Alles mal neun: an die 80 Mitglieder von Landesregierungen, mehr als 400 Landtagsabgeordnete, die Armee der neun Landesbürokratien, die Flotte der Dienstfahrzeuge, die Büro-Paläste und -Kasernen usw. usw.

Der Kleinstaat Österreich leistet sich diesen Luxus. Das größere Bayern kommt mit einer Regierung und einem Landtag aus. Dort versehen Landratsämter Gebiete, die größer als österreichische Bundesländer sind. Die Bayern sind nicht weniger bodenständig und eigensinnig als die Österreicher, zwischen einem Franken und einem Oberbayern herrschen zumindest so viele Stammesunterschiede wie zwischen einem Vorarlberger und einem Niederösterreicher. Die Bayern sind mindestens so freiheitsliebend und oberwürfig wie die Österreicher. Aber sie haben ihren Föderalismus nicht unter Partei- und Beamtenkuratel gestellt. So wie die Schweizer viel föderalistischer als die Österreicher sind, dies aber kostengünstiger und verantwortungsbewusster.

Niemand will den Österreichern ihre geistige Tracht nehmen, aber der Föderalismus ist endlich zu modernisieren. Im EDV-Zeitalter sind österreichische Größenordnungen, Kennziffern, Entfernungen den technischen Chancen und Möglichkeiten zeitgemäßer Struktur und Verwaltung anzupassen. Der Bund versieht die Großaufgaben, die für alle gleich sind, z. B. Steuern, Energie, Verkehr, Soziales, Gesundheitswesen. Die Bundesländer organisieren sich arbeitsteilig; Landesregierungen und Landtage schrumpfen sich gesund, Zwerggemeinden gehören der Vergangenheit an. Die Reform versteht sich als Prozess, der sich in festgelegten Phasen und nicht überfallartig vollzieht.

Die Landeshauptleute, die Landesregierungen, die Landtage, die Landesbürokratien sind die natürlichen Gegner der Föderalismusreform. Sie reden den Landesbürgern ein, dass es dann um Selbstständigkeit, Stolz, Interessen, Lebensqualität und Charakter der Bundesländer geschehen sei. Würde man den Österreichern vorrechnen und mitteilen, was ihnen an Kosten und Steuern erspart bliebe, wie viele Milliarden für Soziales, Kultur, Wissenschaft, Bildung, Gesundheit dann zur Verfügung stünden, so würden sie diesen Vorbetern nicht glauben. Wie gesagt: Von der Schweiz lernen, um wie viel wirkungsvoller, bürgernäher und billiger Föderalismus sein kann. Vom mündigen Bürger werden dort weniger Steuern, aber mehr Mitverantwortung verlangt.
Die Chancen für eine Föderalismusreform sind weniger als gering. Offensichtlich bedarf es noch ärgerer Krisen, um aus Schaden klüger zu werden. Der Bund ist leichter zu reformieren, weil es dort *nicht* mal neun zugeht. Zur Einsparung bieten sich auch an: die Position des Bundespräsidenten, die ebenfalls nach Schweizer Muster ersetzbar ist. Völlig überflüssig ist der Bundesrat, der heute als Parteiendeponie vor sich hindämmert, aber eventuell nach Erfolg der Föderalismusreform gebraucht werden könnte.
Als Beispiele der Reformunwilligkeit nenne ich noch das Wahlrecht und den ORF. Der verhängnisvollste Personalmangel ist das Fehlen starker, charismatischer Persönlichkeiten. Das österreichische Verhältniswahlrecht ist eine Brutstätte des Durchschnitts. Österreich braucht ein persönlichkeitsorientiertes Wahlrecht, das nicht auf Parteilisten, sondern auf Eignung basiert: ein Mehrheitswahlrecht, das aber Kleinparteien schont, denn geschont werden hierzulande Parteien und nicht Wähler. Alle Parteien, an der Spitze der Herr Bundespräsident, sind gegen das Mehrheitswahlrecht. Eh klar. Viele würden sich im Hohen Haus nicht wiederfinden.
Das schamloseste Bild ihrer selbst liefert die Große Koalition per Selbstauslöser in Sachen ORF-Reform. Mit dem Rundfunkgesetz

2010 ergreifen Regierungs- und Parteipolitik endgültig die Macht im ORF. Die wirkliche Entscheidungsgewalt liegt dann bei einem von der Regierungsmehrheit zu besetzenden „Kontrollorgan". Die Gremien bleiben fachlich unterbesetzt, dafür aber nach wie vor zu groß und daher auch zu teuer. Angesichts der vorliegenden Entwürfe könnte man ruhig beim alten Gesetz bleiben, denn von der versprochenen Unabhängigkeit, der Präzisierung des öffentlich-rechtlichen Programms und besserem Führungspersonal ist nach wie vor keine Rede.
Wie man aus Erfahrung weiß, sind Schicksal und Erfolg von Medienunternehmen viel mehr von der Qualität des Führungspersonals als von Gesetzen und Geschäftsordnungen abhängig. Noch nie seit seiner Gründung hat der ORF derart an öffentlichem Ansehen verloren, noch nie befand er sich in derartigen wirtschaftlichen Schwierigkeiten, noch nie hat er seinen öffentlich-rechtlichen Auftrag ungenügender erbracht und sich weniger von der kommerziellen Konkurrenz unterschieden. Nötiger als ein neues Gesetz braucht der ORF einen anderen Generaldirektor, der nicht für den negativen Befund hauptverantwortlich ist. Man kann Reformen nicht mit einer Führung machen, die den reformbedürftigen Zustand herbeigeführt hat.
Was diese Regierung von der Unabhängigkeit des Rundfunks hält, zeigt das hässlichste Personalgeschäft der ORF-Geschichte: Die ÖVP stimmte einem 160-Millionen-Euro-Deal zugunsten des ORF dafür zu, dass sie einen kaufmännischen Direktor bekommt, der noch nirgendwo kaufmännischer Direktor war. (Übrigens: Die 160 Millionen stehen dem ORF sowieso zu.)
Zur Schamlosigkeit gehört offensichtlich kein Mut.

Erhard Busek

Die unvollendete Republik

1968 habe ich zum 50. Jahrestag der Ausrufung der Republik in einem u. a. von mir edierten Sammelband zu analysieren versucht, ob es Österreich gelungen ist, nach Jahrhunderten der Habsburger-Monarchie und dem Bruch des Ersten Weltkrieges eine Befindlichkeit aufzubauen, die im strikten Sinn republikanisch und im geopolitischen Sinn mitteleuropäisch ist. Obwohl unser Land zu diesem Zeitpunkt die erste Alleinregierung einer Partei hatte, war es klar, dass das großkoalitionäre System der Nachkriegszeit feudale Züge hatte, die dem nüchternen Republikverständnis der *res publica Romana* und des revolutionär-puristischen Frankreichs 1789 nicht entsprachen. Auch hält sich auch heute noch der Begriff des „Landesfürsten", während Dorfpaschas eher selten geworden sind (Direktwahl des Bürgermeisters!) und Sonnenkönige à la Kreisky durch Koalitionsvariationen und Fehlen adäquater Persönlichkeiten der Vergangenheit angehören. Auch Europa und insbesondere Mitteleuropa waren durch den Selbstfindungsprozess des Landes sowie durch den Eisernen Vorhang damals weit entfernt. Die Verfassungswirklichkeit war durch die Große Koalition bis 1966 sowie die Sozialpartnerschaft geprägt. Ausschüsse und Komitees sowie Mitwirkungsrechte der Kammern und Verbände, vordergründige Anpassung der Bundesverfassung an noch vordergründigere Notwendigkeiten waren die Regel. Ein eigenes Erlebnis aus dem Jahr 1966 macht das am besten sichtbar: Hermann Withalm wurde Klubchef der VP-Fraktion und richtete die Frage an seine Mitarbeiter, was man

nach Verfassung und Geschäftsordnung mit einer absoluten Mehrheit bzw. was die Opposition in der Minderheit alles machen könne. Ich war der jüngste Mitarbeiter, der genügend Zeit aus Eigeninteresse hatte, diese Frage vorher zu studieren, während die älteren Semester auf die Frage verwundert reagierten. Eine bessere faktische Beantwortung der Frage nach der Verfassung Österreichs in dieser Zeit gibt es nicht.
Der Zustand der Verfasstheit und Verfassung Österreichs unterscheidet sich heute wesentlich von damals. Nicht nur unterschiedliche Regierungskonstellationen, der Eintritt in die EU sowie gesellschaftliche Veränderungen haben tiefe Spuren hinterlassen. Wir sind dabei nicht allein, wobei die Feststellung, dass die Welt kleiner geworden ist, eine Binsenweisheit ist, aus der allerdings in Österreich nicht immer Konsequenzen gezogen werden. Eines aber zu Beginn: So schlecht ist die Verfasstheit Österreichs nicht.
Das Argument kann aber nicht sein, dass andere Länder und Gesellschaften schlechter seien – Finanz- und Wirtschaftskrise sind ein brutaler Testlauf –, sondern es geht um die Fähigkeit, auf Herausforderungen der Zeit adäquat zu reagieren. Eine Einschränkung: Es ist nicht mehrheitlich die Politik, sondern es sind die Wirtschaft, die Kultur und partiell das Geistesleben, die manches zum Positiven bewirkt haben. Die sozialen Spannungen sind bislang friedlich bewältigt, wenngleich der Testlauf in der Migrationsfrage noch bevorsteht.

Was gilt es zu tun?

1. Die Krise nutzen

Krisengerede gibt es genug, die Krise aber wird nicht als Chance begriffen, notwendige Änderungen durchzuführen. Ohne Anspruch auf Vollständigkeit sind einige Fragen anzuführen, die für die Verfassung im doppelten Sinn tatsächlich eine entscheidende Rolle spielen:

- Bundesstaatsreform: Die Anpassung der Zuständigkeiten von Bund, Ländern und Gemeinden nicht nur an Effizienz, sondern an Zweckmäßigkeit ist nicht nur aus Gründen der Sparsamkeit notwendig. Es geht mit kleineren Landtagen (man muss sich nur die Tagesordnungen ansehen!), kleineren Landesregierungen (der Landeshauptmann ist politisch als Träger der mittelbaren Bundesverwaltung eine wichtige Figur, die Landesräte sollten auf die echten Kompetenzen der Länder reduziert werden), Auflassung von Parallelstrukturen (z. B. Schulverwaltung, Jugendschutz etc.), Stärkung der Gemeinden, auch finanziell (Sozial- und Integrationsprobleme), Reduzierung der Zahl der Bezirkshauptmannschaften sowie Durchsicht ihrer Zuständigkeiten, Abschaffung des Bundesrats (allenfalls Schaffung einer Länderkammer, in der die Landeshauptleute sitzen, mit echten Kompetenzen und Abschaffung der Verbindungsstelle der Bundesländer).
- Finanz- und Steuerreform: Europäisierung Schritt um Schritt, um Steueroasen, Tankstellentourismus sowie alle wettbewerbsverzerrenden Regelungen zu unterbinden. Die Mobilität der Bürger und Unternehmen verlangt eine Aufgabenteilung auf nationalstaatlicher, europäischer und globaler Ebene. Gerade kleine Staaten müssen Träger dieser Entwicklung sein, da die großen unbewegliche Tanker sind.
- Bildungsreform: Im Schulbereich stehen seit Jahrzehnten Organisationsfragen im Vordergrund: Ganztags-, Gesamtschule, Bologna-Prozess etc. Wir müssen uns den Inhalten sowie der Rolle der Lehrer widmen. Die Zumutung, ein Leben lang Lehrer sein zu müssen, ist im Hinblick auf Durchlässigkeit zu verwandten Berufen zu ändern. Die Internationalisierung ist unbestritten, aber das Dienst-, Arbeits- und Sozialrecht ist noch nicht darauf eingestellt.

2. Europa und die Welt – Wirklichkeit von heute

Die Verfasstheit Österreichs mit Blick auf Europa lässt zu wünschen übrig. Nach dem Beitritt zur EU haben wir uns in ihr nicht positioniert, weder wissen wir, wofür wir in Europa stehen, noch haben wir den anderen Europäern unsere Wünsche und Beiträge vermittelt. Nach 1989 wurden wir wirtschaftlich zu Gewinnern in Mittel-, Ost- und Südosteuropa – eine Erfolgsstory, die eine ganze Reihe von Unternehmen zu *regional players* gemacht hat. Innere Konsequenzen haben wir daraus nicht gezogen. In der Öffentlichkeit gibt es weitverbreitet die Überzeugung, dass die EU-Erweiterung uns Arbeitsplätze kostet, wir dadurch in die Krise kommen und ohnehin aus der Nachbarschaft nur Kriminalität kommt. Wir haben uns mit der Schaffung der notwendigen Infrastruktur viel Zeit gelassen (Auto- und Eisenbahnen, Donauschifffahrt etc.) und die Mobilität der Arbeitskräfte erschwert. Wir sind unter den Letzten, die 2011 die Beschränkungen aufheben, obwohl wir von den teilweise illegalen Umgehungen profitiert haben (Altenbetreuung, Dienstleistungen etc.). Wien wird 2025/30 zwei Millionen Einwohner haben – eine Größe, auf die die Stadt durch Karl Lueger um 1900 ausgerichtet wurde. Dass die Immigranten die Geburtenrate heben und somit unsere Sozialsysteme wenigstens absichern, wird nicht bestritten, aber auch nicht anerkannt.

An dieser Stelle muss vom Fehlen einer Integrationspolitik die Rede sein. Wien war um 1900 die zweitgrößte tschechische Stadt (der Hinweis auf das Telefonbuch ist schon Tradition). Daraus kann im europäischen Kontext ein Nutzen gezogen werden. Ein Beispiel: Die alte Monarchie hat die Rechtsverhältnisse der Muslime auf ihrem Gebiet rechtlich geregelt. Davon profitieren heute nicht nur Bosnien-Herzegowina, sondern auch Österreich. Es zwingt die divergierenden Richtungen im Islam wenigstens hier zu kooperieren. Es muss unser Interesse sein, einen Europäischen

Islam zu schaffen. Die Schleier- und Burka-Diskussionen sind wenig hilfreich.

Für alle diese Fragen und noch viel mehr gibt es keine Diskussionsebene. Das Parlament ist europapolitisch abgetreten, der ORF reduziert die Auslandskorrespondenten und die Außenpolitik hat mit Ausnahme der Donauraum-Initiative keine Regionalstrategie. Die Positionierung der ohnehin zu geringen Mittel für die Repräsentanz nach außen sollte sich von liebgewordenen Positionen verabschieden. Die EU reduziert die Bedeutung von Botschaften in ihren Mitgliedsländern, weil die Verwaltungen heute direkt miteinander kommunizieren. Russland, die Ukraine, Zentralasien, die Schwarzmeer-Region etc. müssen nicht nur stabiler werden, sondern stellen eine europäische Aufgabe für Österreich dar. Die Knappheit der Mittel verlangt eine gezieltere Politik durch entsprechende Vertretungen.

Kulturell ist zweifellos einiges gelungen – irgendwie selbstverständlich, ohne eine besondere Strategie. Gerade daraus bestimmt sich aber der Inhalt Europas (Jacques Delors: *Europa eine Seele geben).* Wer sich aller in Musik, Literatur, Kunst etc. aus dem veränderten Europa bei uns gefunden hat, ist beachtlich. Hier sollte die Wissenschaft noch stärker ansetzen. Natürlich, das liebe Geld! Wie sehen aber die Berufungspolitik, die Kooperationen der Institute und der Studentenaustausch aus? Noch immer sind die USA und der Westen erste Adressen. Ein globaler Bezug verlangt aber eine Reorientierung, weil wir wahrscheinlich sehr bald nicht mehr ein Kontinent für uns sind, sondern Eurasien unsere Wirklichkeit sein wird. Das ist nicht nur ein Ergebnis von Erdgasleitungen …

An dieser Stelle auch ein Wort zu den Medien: Die Zukunft gehört dem Internet. Müssen aber die traditionellen Medien bei uns unbedingt zur Provinz verkommen?

3. Gesetzgebung und Rechtsprechung

Vor Jahren hätte ich generell gemeint, dass man sich auf die österreichische Rechtsprechung verlassen kann. Heute bin ich mir dessen nicht mehr so sicher. Es ist nicht nur das Faktum, wie lange man braucht, um zu seinem Recht zu kommen, auch die Qualität hat offensichtlich nachgelassen. Leider kann man gegenwärtig erleben, dass nicht nur bestimmte hochbrisante Fälle im Wirtschaftsbereich ewig dauern und wenig Ergebnisse zeitigen *(BAWAG, Hypo-Alpe-Adria, Meinl* etc.), sondern auch die Kontrolleinrichtungen vom Gesetz und von der Personalausstattung her ihre Aufgabe nicht oder nur unvollständig wahrnehmen. Das Vertrauen des Bürgers, zu seinem Recht zu kommen, ist eine Grundlage der Verfassung und Verfasstheit einer Demokratie. Ob es die Personalausstattung allein oder die Arbeitstechnik der berufenen Einrichtungen (z. B. haben Richter und Staatsanwälte quasi einen Halbtagsjob?) ist, müsste geklärt werden.

In der Gesetzgebung wäre vieles zu erwähnen, z. B. die Gelegenheitsgesetzgebung, die durch die Anlasspolitik gefördert wird. Das ist nicht allein Verantwortung der jeweiligen Regierungen, sondern trifft auch Opposition, Lobbys, NGOs und Medien. Mit einem Gesetz allein ist auch meistens das Problem nicht gelöst.

Österreich ist ein kleines Land. Wirtschaftlich hat sich dadurch der Wettbewerb reduziert, wir haben vielfach Oligopole. Die Medienunternehmen sind ein eindrucksvolles Beispiel. Das Wettbewerbsrecht muss dem in sensiblen Bereichen Rechnung tragen. Bislang ist die EU-Wettbewerbsbehörde wirksamer als österreichische Einrichtungen. Deren gesetzliche Grundlage gibt es einfach nicht her, weil es die Politik nicht will.

Besondere Erwähnung verdienen auch die gesellschaftlichen Veränderungen, die durch die Gesetzgebung nicht, nur teilweise oder zu spät erfasst werden. Wir haben es bei den Finanzprodukten erlebt. Die dramatische Veränderung durch Wissenschaft, Forschung und Technologie (z. B. Gentechnik) gehört auch dazu. Mit Verboten allein wird man nicht zurecht kommen. Die Veränderung der Beziehungen der Menschen untereinander gehört auch dazu. Die gleichgeschlechtliche Partnerschaft wurde hinlänglich diskutiert. Was aber die Patchworkfamilie für Sorge- und Erbrecht bedeutet, wird in ein paar Jahren deutlich sichtbar werden.

Diese drei Punkte stellen keinen erschöpfenden Katalog zur Fragestellung „In welcher Verfassung ist Österreich?" dar. Es ist der Versuch, durch die Herausnahme dreier Problemkreise eine Verdichtung der Antwort vorzunehmen. Der Ordnung halber sei erwähnt, dass der Zustand der Politik (Qualität, Information und Personenauslese), die Medien (Qualität und Konzentration), die Rolle der Religionen, aber auch die Auseinandersetzung um Werte ebenso bemüht werden müssen wie Fragen der sozialen Gerechtigkeit. Die Erwähnung der Themen soll die Wichtigkeit und nicht die Auswahl unterstreichen.

Für mich gilt auch hier das alte Wort von Philipp Wilhelm von Hörnigk: „Österreich über alles – wenn es nur will!"

Heinrich Neisser

Die Wirrnisse der österreichischen Verfassungspolitik

Am Anfang stand der Kompromiss

Mit der Beschlussfassung vom 1. Oktober 1920 über das Bundesverfassungsgesetz, das die Republik Österreich als Bundesstaat einrichtete, erfüllte die konstituierende Nationalversammlung ihren Auftrag, eine endgültige Verfassung für Österreich zu schaffen, was – als „Restgröße" der Österreichisch-Ungarischen Monarchie – seine staatliche Existenz definitiv begründete. Die neue Verfassung beendete eine nahezu zweijährige Periode des Übergangs, die viele Weichenstellungen enthielt; vor allem der Staatsvertrag von St. Germain zwang dazu, sich von der Idee einer „Republik Deutsch-Österreich" zu verabschieden, und ließ durch das Diktat der alliierten Siegermächte die Grenzen der Gestaltungsmacht des neuen Staatswesens erkennen. Der eigentliche Diskussionsprozess über die Grundordnung der neuen Republik war kurz: Ein Unterausschuss des Verfassungsausschusses handelte zwischen 11. Juli und 23. September 1920 einen Entwurf eines Bundesverfassungsgesetzes aus, dem allerdings auf Parteienebene wesentliche Verhandlungen vorausgegangen waren. In 15 Verfassungsentwürfen präsentierten die Sozialdemokratische, die Christlichsoziale und die Großdeutsche Partei ihre verfassungspolitischen Vorstellungen. Hans Kelsen, oft als „Vater der Verfassung" apostrophiert, hatte als Berater einen nicht unerheblichen Einfluss in diesem Prozess.

Die Vorstellungen der politischen Parteien waren zum Teil sehr unterschiedlich. Dies hatte eine Einigung zur Folge, die in vielen Punkten kompromisshaft war und ein Provisorium etablierte. Die gesellschaftspolitischen Schnittlinien wurden in der Grundrechtsfrage und in der Schulfrage, vor allem hinsichtlich der Stellung der konfessionellen Schulen, offenkundig. Die erzielten Kompromisse führten dazu, dass die neue Verfassungsordnung keinen zeitgemäßen Grundrechtskatalog enthielt, sondern das Staatsgrundgesetz über die allgemeinen Rechte der Staatsbürger aus dem Jahr 1867, ein Grundrechtsdokument der liberalen Verfassungspolitik des 19. Jahrhunderts, übernahm. Eine umfassende Grundrechtsreform ist noch heute ein offenes Anliegen. In den Bereichen der Schulverfassung und der Gemeindeautonomie wurden Provisorien geschaffen, die sich als überaus dauerhaft erwiesen. Erst im Jahr 1962 beendeten zwei Verfassungsnovellen, die die Neugestaltung der Schulverfassung und der Gemeindeverfassung betrafen, das Transitorium. Provisorien besitzen offensichtlich eine besondere Art von Dauerhaftigkeit.
Das beweisen auch die verfassungsrechtlichen Grundlagen des Bundesstaates Österreich. Hier war die Diskrepanz in den Auffassungen unüberwindbar. Die Sozialdemokratische Partei und das schon damals von ihr beherrschte Wien wollten einen Zentralstaat, die Christlichsozialen in den Ländern verfochten vehement die Einrichtung einer bundesstaatlichen Ordnung. Der Kompromiss war auffällig: Wohl wurde eine Kompetenzverteilung zwischen Bund und Ländern vereinbart, in der allerdings die wesentlichen Zuständigkeiten dem Bund zugeordnet wurden und die Länder im Wege einer Generalklausel wenig Gestaltungsmöglichkeiten erhielten. Auch in einem anderen Punkt ging der Kompromiss zu Lasten der Länder. In allen bundesstaatlichen Systemen wirken die Bundesländer am gesamtstaatlichen Gesetzgebungsprozess durch eine Zweite Kammer mit, in der auch die Interessen der Bundesländer wirksam zum Ausdruck kommen

sollen. Wohl schuf die Österreichische Bundesverfassung eine Zweite Kammer, den Bundesrat, er wurde aber ohne Möglichkeiten einer wirksamen Mitwirkung am Legislativprozess des Bundes gegründet, da er im Allgemeinen ein suspensives Vetorecht gegenüber den Gesetzesbeschlüssen des Nationalrates besaß. Der Versuch der Verfassungsreform des Jahres 1929, die Zweite Kammer als „Länder- und Ständerat" aufzuwerten, wurde nicht verwirklicht. Die Reform des Bundesstaates gehört auch in der Zweiten Republik zu einem Dauerbrenner der politischen Agenda, ohne dass entscheidende Fortschritte erzielt werden konnten.

Diese Beispiele illustrieren die Tatsache, dass die Österreichische Bundesverfassung ihre Entstehung mehreren Kompromissen verdankt, die zum Teil provisorischen Charakter hatten, sich jedoch oft als dauerhaft erwiesen. Dazu kam noch, dass die im Jahr 1920 beschlossene Verfassungsordnung in weiterer Folge mit Ereignissen konfrontiert war, die tiefgreifende Brüche im Verfassungssystem bedeuteten. 1933, 1938 und 1945 – diese Daten markieren einen nahezu revolutionären Wandel in der Existenz des österreichischen Staates. Das Ende der Parlamentarischen Demokratie in Österreich fand am 4. März 1933 statt. Ihr folgten die Phase des autoritären „Ständestaates" und 1938 wurde Österreich gewaltsam dem Deutschen Reich einverleibt. Die am 27. April 1945 beschlossene Unabhängigkeitserklärung, die in ihrer Präambel ausschließlich auf die Opferrolle Österreichs verwies, erklärte den im Jahr 1938 dem österreichischen Volk aufgezwungenen „Anschluss" für „null und nichtig" und proklamierte die Wiederherstellung der demokratischen Republik und deren Einrichtung „im Geist der Verfassung von 1920".

Der Zwang zu Übergangsregelungen bei der Überleitung zu den verschiedenen Verfassungsepochen bewirkte eine erhebliche Unübersichtlichkeit. Diese wurde noch durch die Politik verstärkt, die hemmungslos in zahlreichen Fällen Verfassungsgesetze und

Verfassungsbestimmungen beschloss, mit denen man unter anderem auch versuchte, die Kontrollbefugnisse des Verfassungsgerichtshofes zu unterlaufen. Das Ergebnis war offenkundig: Mehr als 1.300 Verfassungsgesetze und Verfassungsbestimmungen in einfachen Gesetzen bildeten den formalen Verfassungsbestand. Erst vor kurzem versuchte man eine Bereinigung dieser Situation herbeizuführen. Dass dadurch jeder Versuch, den Bürgern Verfassungsinhalte zu vermitteln, aussichtslos erscheint, ist einsichtig.

Verfassungsreform als Prozess politischer Innovation

Die Zweite Republik gründete auf einer Verfassung, die – wie beschrieben – in vielen Punkten einen kompromisshaften Charakter hatte. Eine systematische Weiterentwicklung der Grundordnung fand nicht statt. Der „Geist der Verfassung" wurde in vielerlei Hinsicht strapaziert. Verfassungsänderungen waren meist eine punktuelle Antwort auf Regelungsnotwendigkeiten, die zum Teil vordergründige politische Motive hatten. So wurde etwa im Jahr 1975 ein Parteiengesetz verabschiedet, in dem die Aufgaben und die Rechtsstellung der politischen Parteien festgeschrieben wurden. Eigentlicher Anlass dafür war jedoch die Einführung einer staatlichen Parteienfinanzierung. 1981 wurde die Kunstfreiheit in der Verfassung verankert – ohne Rücksicht darauf, dass damals bereits eine umfassende Kodifikation der Grundrechtsordnung diskutiert wurde. Auch der im Jahr 1984 als Staatsziel verankerte „umfassende Umweltschutz" war als Antwort auf ökologische Herausforderungen gedacht, ist jedoch nur als punktuelle Reaktion anzusehen. Dieser verfassungspolitische „Punktualismus" verstärkte die Unübersichtlichkeit und führte zu einer Inflation von Verfassungsbestimmungen. Dazu kam

noch die skrupellose Beschlussfassung von Verfassungsbestimmungen, vor allem durch Koalitionsregierungen, die die Verfassungsmehrheit besaßen, um ihre politischen Interessen abzusichern. Die immer wieder zitierte verfassungsrechtliche Absicherung der Taxikonzessionen ist ein deutliches Beispiel.
Diese Neigung zum Punktualismus, also zu lediglich punktuellen Änderungen der Verfassung, war mit einem Verzicht auf eine systematische Weiterentwicklung der staatlichen Grundordnung verbunden. Die Verlängerung der Legislaturperiode des Nationalrates von vier auf fünf Jahren wurde ohne Bezug auf eine grundlegende Auseinandersetzung über die parlamentarischen Strukturen verwirklicht. Die Senkung des aktiven Wahlalters auf 16 Jahre erfolgte ohne Überlegungen zum politischen Umfeld, im Besonderen über eine Weiterentwicklung des Wahlsystems. Die Debatte über die Abschaffung der außerberuflichen Immunität findet in bestimmten Zeiträumen statt, ohne dass man grundsätzliche Überlegungen über die Notwendigkeit und den Wert der Immunität in unserer Zeit anstellt. Im Vorfeld der Bundespräsidentenwahl im April 2010 fand aufgrund des Mangels eines einigermaßen chancenreichen Gegenkandidaten zum amtierenden, wieder kandidierenden Staatsoberhaupt eine problematische Auseinandersetzung über die Einführung eines Verbotes der Wiederwahl bei gleichzeitiger Verlängerung der Amtsperiode statt. Nach den Wahlen verschwand das Thema schlagartig von der politischen Tagesordnung. Eine Diskussion über die Rolle des Bundespräsidenten in unserem politischen System wäre sicherlich nicht uninteressant gewesen.
Alle diese Beispiele illustrieren, dass Verfassungsdiskussionen und Verfassungsänderungen an konkreten singulären Interessen orientiert sind und zu einer „Patchwork-Entwicklung" der Staatsverfassung führen, der eine systematische Strategie fehlt und die die Verfassung nicht zum „Zauberpergament" macht, sondern zu einer Inflation von Verfassungsbestimmungen geführt hat. Dem

außenstehenden Betrachter kann so nicht das Bild vermittelt werden, dass die Verfassung in einer politischen Ordnung durch ihre Grundsätzlichkeit eine herausragende Stellung besitzen sollte. Solche Entwicklungen werden allerdings vor allem auch dadurch begünstigt, dass die Schwelle zur Beschlussfassung für Verfassungsgesetze und Verfassungsbestimmungen relativ niedrig ist. Die sogenannte erhöhte Bestandsgarantie bedeutet nämlich lediglich, dass Normen als „Verfassungsgesetz“ oder als „Verfassungsbestimmung“ bezeichnet werden müssen und im Nationalrat statt mit einer einfachen Mehrheit (Ein-Drittel-Anwesenheitsquorum, überhälftige Mehrheit) mit einer qualifizierten Mehrheit (Ein-Halb-Präsenzquorum, Zwei-Drittel-Konsensquorum) beschlossen werden. Das bedeutet, dass jede Fraktion oder jede Koalitionsregierung, die mindestens 122 Abgeordnetensitze im Nationalrat besitzt, nach Belieben die Verfassung ändern kann. Es wäre im Zuge einer großangelegten Verfassungsreform zu überlegen, für die Änderung der staatlichen Grundordnung ein qualifizierteres Verfahren einzuführen. In Frankreich gibt es dafür beispielsweise einen eigenen Verfassungskonvent, der ein relativ breit legitimiertes Forum ist. Diese Verfassungsinnovation sollte auch in Österreich diskutiert werden. Die Chancen sind zweifellos gering. Groß angelegte Verfassungsreformen fanden bisher nicht statt, sie wurden bestenfalls in Fachzirkeln diskutiert. In jenen Fällen, wie etwa bei der Grundrechtsreform, wo man versuchte, in einem jahrzehntelangen Diskussionsprozess eine Neu-Orientierung zu finden, wurde das erzielte Ergebnis von den politischen Parteien nicht umgesetzt. Die Erfahrungen der Zweiten Republik sind daher relativ simpel: Kommissionen und Konvente, die meist von der Öffentlichkeit kaum wahrgenommen werden, erweisen sich als untaugliche Instrumente für innovative Schritte im Bereiche der Verfassungspolitik. In der österreichischen Praxis werden Reformen von oben initiiert, wenn nicht überhaupt diktiert. Reformen, die von der Basis angeregt werden, finden nicht statt. In Zukunft wird man für solche Schritte eine stärkere Mitwirkung der Zivilgesellschaft brauchen.

Verfassung und Zivilgesellschaft

In Österreich wird am 26. Oktober jährlich der Staatsfeiertag in Erinnerung an die wiedererlangte vollständige Freiheit Österreichs nach dem Zweiten Weltkrieg gefeiert. Jubiläen der Verfassung sind kein feierliches Ereignis, sondern eher ein alltägliches Geschehen, das wenig bewegt. Verfassungsjubiläen werden nie Volksfeste werden, sie könnten aber Ereignisse sein, die einen Beitrag zur Politisierung einer immer unpolitischer werdenden Gesellschaft leisten. Die Zivilgesellschaft, die in vielen Bereichen ein Motor gesellschaftlicher Entwicklungen geworden ist, trat als verfassungspolitischer Impulsgeber praktisch nicht in Erscheinung. Ihre Organisationen sind wohl auf dem Gebiet des Schutzes der Menschenrechte, der Entwicklungshilfe, bei ökologischen Problemstellungen und dergleichen von einer bemerkenswerten Aktivität. In Sachen Verfassung und Demokratiereform ist die Zivilgesellschaft bislang nicht sichtbar geworden. Abgesehen von lokalen Interessengruppen, die für eine stärkere Teilnahme am demokratischen Geschehen eintreten, gibt es keine Initiative, die dieses Anliegen öffentlichkeitswirksam präsentieren könnte. Es sei mir jedoch gleichsam als Eigenwerbung gestattet, auf die „Initiative Mehrheitswahlrecht und Demokratiereform" aufmerksam zu machen, die sich als Einrichtung zivilgesellschaftlicher Art bemüht, dass Demokratie und Verfassungsreform in Österreich zu einem Dauerthema werden. An Themen dafür mangelt es nicht. Ein zentraler Punkt ist die Reform des Wahlrechtes, die eine verstärkte Personalisierung dadurch ermöglichen soll, dass die Wähler einen relevanten Einfluss auf die Wahlauswahl ihrer Vertreter, der Volksvertreter, haben sollen. Es ist eine besondere

Herausforderung, mittels eines Volksbegehrens den Willen der Bürgerschaft zu zeigen, an der Gestaltung *ihrer* Demokratie mitzuwirken.

Die europäische Herausforderung

Mit dem Beitritt Österreichs zur Europäischen Union begann für unser Land ein Europäisierungsprozess, der substantielle Auswirkungen auf das österreichische politische System hat. Unter dem Begriff der Europäisierung versteht man laut Beate Kohler-Koch dabei eine Transformation nationaler Regierungsstrukturen, die zur „Erweiterung des Wahrnehmungshorizontes und des politischen Handlungsraumes um die Europäische Dimension" führt. Es bestehen berechtigte Zweifel daran, ob in Österreich seit der Mitgliedschaft zur Union diese „Erweiterung des Wahrnehmungshorizontes" stattfindet. Wohl hat man unmittelbar vor dem Beitrittsdatum 1. Jänner 1995 ein sogenanntes „Begleitverfassungsgesetz" beschlossen, in dem nur die notwendigsten Anpassungsschritte enthalten waren. Regelungsbereiche waren die Grundsätze des Wahlrechtes für österreichische Abgeordnete zum Europäischen Parlament, die Mitwirkungen bei der Bestellung von EU-Funktionären (z. B. Benennung des österreichischen Kommissars, des österreichischen Mitgliedes zum Europäischen Gerichtshof und zum Europäischen Rechnungshof) sowie ein relativ starkes Mitwirkungsrecht des Parlaments (vor allem des Nationalrates) an den Entscheidungen des Rates in Brüssel. Gerade in letzter Hinsicht ergab sich eine groteske Entwicklung, die ein österreichisches Dilemma aufzeigt. Seit dem Jahr 2004 haben der österreichische Nationalrat bzw. der zuständige Ausschuss keine bindende Stellungnahme für das Verhalten des österreichischen Regierungsvertreters im Rat beschlossen. Damit ist ein wesentliches Instrument der Mitwirkung in europäischen Angelegenheiten praktisch bedeutungslos geworden. Es ist dies eine eigenartige Situation, die dem österreichischen Parlamentarismus kein gutes Zeugnis ausstellt. Noch dazu, wo der Vertrag von Lissabon erstmals eine aktive Teilnahme der nationalen Parlamente am europäischen Willensbildungsprozess vorsieht. Wann unternimmt das österreichische Parlament endlich Anstrengungen, um seine Verantwortung bei der Gestaltung Europas wahrzunehmen?

„Verfassungspatriotismus" als Element nationaler Identität

Die Verfassung hat in jedem Staat eine übergeordnete Bedeutung. Im Rechtssystem ist sie jene Norm, aus der sich alle anderen Ebenen der Rechtsordnung ableiten. Sie regelt die Grundsätze der Staatsorganisation, die einzelnen Staatsfunktionen und gestaltet in besonderer Weise das Verhältnis der Bürger zum Staat. In der gesellschaftlichen Diskussion erscheint sie als Grundordnung, die die Basis für die geordnete Austragung von divergierenden Gruppeninteressen und die Spielregel zur Konfliktlösung ist. Sie ist mehr als ein Organisationsstatut, sie ist ein Fokus von Erwartungen, die mit einer bestimmten gesellschaftlichen und politischen Ordnung verknüpft sind. Sie besitzt allerdings in der Öffentlichkeit selten jene „Aura der Ehrwürdigkeit", die für Hannah Arendt ein Charakteristikum von Konstitutionen ist. Eine Verfassung kann und soll jedoch identitätsstiftend und integrierend wirken. Sie ist ein wesentlicher Garant für die Stabilität einer politischen Ordnung. Ein lebendiger und von der Überzeugung der Bürgerschaft getragener Konstitutionalismus begründet einen Verfassungspatriotismus, ein Begriff, der schon vom deutschen Politikwissenschaftler Dolf Sternberger vor Jahrzehnten geprägt wurde und den Jürgen Habermas neuerlich in die Diskussion eingebracht hat.

Die Frage inwieweit man von einem österreichischen Verfassungspatriotismus sprechen kann, begegnet vielen Zweifeln. Die österreichische Verfassung wird offensichtlich zumindestens von einer schweigenden Mehrheit akzeptiert, obwohl das Volk nie über seine Konstitution abstimmen konnte. Die Verfassung garantiert ein Mindestmaß an Stabilität, dort, wo sie funktionsschwach ist, gewährleistet eine „Realverfassung" die friedliche Konfliktaustragung. Von Verfassungspatriotismus kann man aber wohl erst dann sprechen, wenn es ein besonderes Bewusstsein dafür gibt, dass man in einem Land leben will, in dem Freiheit und Demokratie ein besonderes Maß an politischer Selbstbestimmung gewährleisten.
Am 1. Oktober 2010 feiert die Republik Österreich den 90. Geburtstag ihrer Verfassung. Dieser Tag spielt – so zeigen es die bisherigen Erfahrungen – in der österreichischen Öffentlichkeit keine besondere Rolle. Seit Jahren hält der Verfassungsgerichtshof einen „Verfassungstag" ab – eine interessante Veranstaltung für Experten und besonders Interessierte. In diesem Zusammenhang wäre die Frage zu stellen: Warum gibt es keinen Verfassungstag der Republik Österreich? In den österreichischen Medien findet dieses Ereignis kaum Erwähnung, die politischen Repräsentanten geben – wenn überhaupt – meist belanglose Erklärungen ab, in denen sie unterstreichen, dass sich die österreichische Verfassung „bewährt" habe. Diese stereotype Qualitätsbestätigung macht Jubiläen zu inhaltsleeren Ritualen, zu Pflichtübungen, die marginalen Charakter haben.
Ich meine, dass man das Datum des 1. Oktober 2010 nützen könnte, um Impulse für ein neues und verstärktes Verfassungsbewusstsein zu geben. In zehn Jahren wird man das 100-jährige Bestehen der Österreichischen Bundesverfassung feiern. Bis dorthin könnte man in einem Dezennium einer verfassungspolitischen Erneuerung eine Strategie für eine moderne und wahrnehmbare Verfassungsgestaltung entwickeln und umsetzen, die folgende Schwerpunkte aufweisen müsste:

- Die Bemühungen um mehr Verfassungsklarheit sind fortzusetzen. Ein erster Schritt wurde getan, indem man die mehr als 1.300 Verfassungsgesetze bzw. Verfassungsbestimmungen in einfachen Gesetzen „bereinigte". Eine strikte Beachtung eines Inkorporationsgebotes sollte dafür einen wesentlichen Beitrag leisten: Dies bedeutet, dass Verfassungsrecht nur durch eine Änderung oder Ergänzung des Bundesverfassungsgesetzes selbst geschaffen werden kann. Damit wäre dem konstitutionellen Wildwuchs ein Ende gesetzt.
- Es gibt grundsätzliche Fragestellungen in der heutigen Demokratie, die nicht nur nach pragmatischen Gesichtspunkten und schrittweise gelöst werden können. Dafür braucht es vielmehr ein Nachdenken, das in die Tiefe geht. Dies gilt vor allem für das Verhältnis zwischen Freiheit und Sicherheit und dem an vielen Einzelfällen immer wieder sichtbar werdenden Spannungsfeld zwischen beiden. Spätestens seit der Schweizer Volksinitiative über das Minarett-Verbot ist die Frage, ob unmittelbare Demokratie alles darf oder ob sie Schranken unterworfen ist, eine fundamentale Frage. Welche Funktion besitzt eine nationale Verfassung in einem geeinten Europa? Sichert sie die Diversität und sieht sie Minderheiten nicht nur als eine Gruppe, die überleben soll, sondern auch als eine, der eine aktive Rolle zugewiesen werden muss? Welche Freiräume hat der Staat heute in besonderer Weise zu schützen? Kann man für die österreichische Bundesstaatsdiskussion besondere Ansätze aus dem europäischen Projekt gewinnen, etwa durch Bezugnahme auf einen europäischen Regionalismus?
- Eine zeitgemäße Verfassung muss sich der Europäisierung stellen. Bloße Anpassungsschritte werden der europäischen Dimension nicht gerecht. Es ist eine Verfassungsreform anzustreben, die europäischen Gegebenheiten Rechnung trägt. Vor allem die Parlamente (Nationalrat, Bundesrat und Landtage) müssen sich neu positionieren und über ihre zukünftige euro-

päische Aufgabe nachdenken. Der Nationalrat hat mehrere Instrumente, um diesen Nachdenkprozess einzuleiten: Enqueten und Enquete-Kommissionen, die in der politischen Praxis heute nur eine marginale Rolle spielen, wären für einen organisierten Dialog und einen Nachdenkprozess durchaus geeignet.

- Einer Verfassungsreform sollte eine breite und differenzierte öffentliche Diskussion vorausgehen. Notwendigkeit und Auswirkungen von Verfassungsänderungen müssen in einem Dialog erklärt werden, der über Expertengremien, Fachausschüsse und Kommissionen hinausgehend zumindestens eine interessierte Öffentlichkeit erreichen muss. Verfassungsdiskussionen sind kein Monopol von Rechtsexperten. Sie sind als Dialog einer pluralistischen Gesellschaft zu organisieren; nur auf diesem Wege kommt man zu einem tieferen Verfassungsverständnis.

Das beschriebene Konzept ist in keiner Weise revolutionär. Es verfolgt primär den Zweck, in Verfassungsreformen mehr als „kosmetische Retuschen" zu sehen. Es ist ein Plädoyer dafür, dass Verfassungsjubiläen sich nicht nur im Rückblick auf Vergangenes beschränken sollten, sondern ein Anlass sein müssten, Grundwerte und Grundstrukturen eines politischen Systems bewusst zu machen und die Gestaltungskraft des Verfassungsrechtes für zukünftige Entwicklungen sichtbar zu machen. Der deutsche Staatsrechtslehrer Rudolf Smend hat schon in der Epoche der Weimarer Republik davon gesprochen, dass eine Verfassung „Schranke und Anregung" sein solle. Als Schranke hat sich die Österreichische Bundesverfassung im Allgemeinen bewährt. Mehr Anregung wäre allerdings wünschenswert.

Kapitel 1

Ist unsere Demokratie reformunfähig?

„Wenn die Verwaltungsreform jetzt nicht gelingt, gelingt sie nie mehr“, schreibt der Chefredakteur des österreichischen Nachrichtenmagazins *profil* Herbert Lackner in seinem Leitartikel vom 22. März 2010. Eine Feststellung, die auf ähnliche Weise zu verschiedenen Anlässen in den letzten 90 Jahren immer wieder getroffen wurde. Aus der jüngeren österreichischen Zeitgeschichte seien nur zwei Wortmeldungen herausgegriffen: 1969 wurde vom damaligen Chefredakteur der *Salzburger Nachrichten* Karl-Heinz Ritschel ein Sammelband mit prominenten Beiträgen unter dem ultimativ fordernden Titel *Demokratiereform – Die Existenzfrage Österreichs* herausgegeben. 1995 – im Jahr des österreichischen EU-Beitritts – betonte der Sozialwissenschafter und langjährige Rektor der Wiener Wirtschaftsuniversität Christoph Badelt: „Ein Hinausschieben grundlegender Reformen von Jahr zu Jahr bringt uns nur in Gefahr, in einigen Jahren den Sozialstaat wirklich abbauen zu müssen.“

Tatsächlich droht die Diskussion um eine Verfassungs-, Demokratie-, Verwaltungs- und Staatsreform eine unendliche Geschichte zu werden. Sie begann mit der Ausrufung der Republik 1918 und führte zunächst zu der in ihren Grundzügen noch heute gültigen Österreichischen Bundesverfassung, die am 1. Oktober 1920 in Kraft trat. Sowohl die Bundesverfassung im Allgemeinen als auch der föderalistische Aufbau des Staates im

Besonderen waren – wie auch Heinrich Neisser in seinem Buchbeitrag schildert – ein Kompromiss, mit dem von Anfang an keiner der „Gründerväter“ der Republik (damals waren tatsächlich in führenden politischen Funktionen ausschließlich Männer) und keine der von ihnen repräsentierten Parteien zufrieden waren.
Obwohl es bereits im Artikel 2 des Bundesverfassungsgesetzes (BVG) heißt: „Österreich ist ein Bundesstaat. Der Bundesstaat wird gebildet aus den selbständigen Ländern“, traten die Sozialdemokraten für ein zentralistisch-einheitsstaatliches Konzept ein, während Christlich-soziale und Deutschnationale zu wenig föderalistische Komponenten in der Verfassung sahen. Entlang dieser Frontlinien verlaufen die Debatten und Reformanstrengungen bis heute, wobei diese Diskussionen im prominent besetzten Österreich-Konvent, der von 2003 bis 2005 tagte, einen Kulminationspunkt erreichten. Der Österreich-Konvent erstellte die umfangreichste Materialiensammlung aller bisherigen Reformversuche – allein umgesetzt wurde wenig.
Der Präsident des Österreichischen Verfassungsgerichtshofes (VfGH) Gerhart Holzinger konstatierte im Kurier vom 24. April 2010: „Es gibt seit Jahren entscheidungsreife Reform-Vorschläge, etwa bei der Schulverwaltung, im Gesundheitsbereich oder bei der Verwaltungsgerichtsbarkeit. Was fehlt, ist, dass die maßgeblichen Politiker beim Bund und die Landeshauptleute entscheiden. Das ist wie fünf aufgelegte Elfmeter beim Fußball: Man muss sich nur noch hinstellen und den Ball ins Netz schießen. Man sollte nicht durch weiteres Bemühen von Sachverstand die Entscheidung hinausschieben. Aber immer wenn man etwas ändert, gibt es Widerstände – und sei es nur aus Angst vor Neuerungen. Diese muss man überwinden, das kostet Kraft. Vielleicht geht es uns noch nicht schlecht genug.“ Als Mahner betätigen sich regelmäßig auch die Wirtschaftsforscher, der Rechnungshof und die Spitzen der Wirtschaft, wie Wirtschaftskammerpräsident

Christoph Leitl („Wir waren bisher unfähig zu Reformen", *Der Standard,* 19. Dezember 2009) oder Industriepräsident Veit Sorger („Verwaltung, Gesundheit, Pensionen – die Vorschläge liegen doch seit 20 Jahren auf dem Tisch! Geschehen ist leider wenig", *Salzburger Nachrichten,* 23. Dezember 2009) beklagten. Eigentlich müsste die Zeit zum verantwortungsbewussten Handeln gekommen sein: 90 Jahre nach Beschlussfassung der Österreichischen Bundesverfassung, 15 Jahre nach Österreichs EU-Beitritt, der für unser politisches System eine ganz neue verändernde Qualität bedeutet – manche sprechen davon, wir seien damit in die „Dritte Republik" eingetreten –, und angesichts der drängenden Budget- und Finanzierungsprobleme, die die globale Wirtschafts- und Finanzmarktkrise spätestens seit Herbst 2008 mit neuerlicher Dramatisierung für den Euro-Raum im Frühjahr 2010 offen legte. Der bekannte Verfassungsrechtler Theo Öhlinger machte darauf aufmerksam, dass die Österreichische Bundesverfassung abgesehen von der Luxemburgs die älteste in Kontinentaleuropa ist.
Die Finanz- und Wirtschaftskrise könnte unversehens nur allzu leicht in eine Krise des politischen Systems und der Demokratie münden. Die politische Langzeitstudie *Österreich innen – Wertewandel 1990–2008* müsste bei allen, denen eine vitale Demokratie ein Anliegen ist, die Alarmglocken schrillen lassen. Nur mehr 54 Prozent sind mit der Demokratie in Österreich zufrieden, 46 Prozent unzufrieden – eine dramatische Verschiebung seit 1999, als es noch 73 zu 22 stand. Der Positivsaldo schrumpfte in einem knappen Jahrzehnt also rapide von 51 auf acht Prozent. Es bleibt nur die Frage, wann dieses Verhältnis kippt. Eine der wesentlichsten Ursachen für diesen bedauernswerten Befund dürfte die Erkenntnis sein, dass hierzulande die Konzeptriesen und Umsetzungszwerge besonders stark vertreten sind, obwohl immer mehr Strukturen immer sklerotischer und brüchiger werden.

Selbstredend sind diese Ermüdungserscheinungen der Demokratie und die zunehmende Resignation der Bürger kein spezifisch österreichisches Phänomen – man braucht nur eine Reihe europäischer Staaten ins Visier zu nehmen –, aber sie sind bei uns besonders drängend. Eine Untersuchung in zehn europäischen Ländern – durchgeführt von der Hamburger *Stiftung für Zukunftsfragen,* publiziert im *Standard* vom 27. Mai 2009, zeigt, dass Österreich bei der Unzufriedenheit mit der Politik weit über dem internationalen Durchschnitt liegt und mit 64 Prozent die zweithöchste „Unzufriedenen-Quote" aufweist.

Sollte tatsächlich das eintreten, was der deutsche Großphilosoph Jürgen Habermas – das Symposium zu seinem 80. Geburtstag 2009 trug bezeichnenderweise den Titel *Auslaufmodell Demokratie* – hauptsächlich im Zusammenhang mit der EU formulierte: „Die Bürger verachten die eigenen Politiker, die vieles versprechen, aber ohne Perspektive sind und nichts mehr bewegen (können)."

Alt-Nationalratspräsident Andreas Khol meinte im Juni 2008 pessimistisch: „Das System scheint reformunfähig zu sein." Wir laufen Gefahr, dass wir zur „Postdemokratie" werden – wie es der Autor des gleichnamigen Buches Colin Crouch analysiert, nämlich dass Demokratie nur mehr als „formaler Prozess" gesehen wird: „Wir haben die Institutionen, aber eigentlich interessieren sie niemanden mehr so richtig." Und Crouch führt weiter aus: „Die Frage ist: Sehen wir Demokratie nur als formalen Prozess von Wahlen, aus denen Regierungschefs hervorgehen? Oder sehen wir darin auch eine Kultur von Debatten, zulässiger Kritik von zivilen Rechten und der Sorge über Ungleichheit jeder Art? Mit Letzterem könnte es schwierig werden."

Demokratie braucht eine starke Zivilgesellschaft

Es muss das bewusst sein, was die Leiterin des bedeutendsten deutschen Demoskopie-Instituts Allensbach Renate Köcher auf den Punkt gebracht hat: „Demokratie braucht kontinuierliche Aufmerksamkeit und Zuwendung." Es besteht die Gefahr, dass statt der wünschenswerten Partizipationsdemokratie eine Absenzdemokratie entsteht.

Ralf Dahrendorf, der 2009 verstorbene, luzide große liberale Denker, konstatierte in mehreren Interviews zu Recht: „Es gibt meiner Meinung nach keine kraftvollen Feinde, die die offene Gesellschaft … fundamental bedrohen, so dass man laut schreien müsste. (Aber) Da ist wohl eine Reihe gefährlicher Tendenzen, vor allem eine merkwürdige Verbindung von Expertenherrschaft und Desinteresse der Bürger: In normalen Zeiten Bürger zur Tätigkeit zu ermuntern ist gar nicht leicht." *(Die Welt,* 28. Jänner 2006)

oder:

„Und wie kann das Volk, wie können alle Bürger an der Ausübung von Macht teilhaben? Wir leben in Gesellschaften, die man immer öfter als ‚Demokratien ohne Demokraten' bezeichnen könnte, das heißt als Gesellschaften, in denen die Bürger ihren Pflichten als Bürger nicht nachkommen. Es ist aber eine bürgerliche Pflicht, sich einzumischen!

Eine aus Demokraten bestehende Demokratie macht denen, die an der Macht sind, das Leben schwer, schon allein dadurch, dass man unablässig und unerbittlich Fragen stellt, Kritik übt und Druck erzeugt. Wir müssen alles dafür tun, dem Verfall der demokratischen Kultur entgegenzuwirken. Das können wir tun, indem wir den Mund aufmachen und uns äußern im Bewusstsein des großen Privilegs, in einer Demokratie zu leben.

Der Nationalstaat verliert aber heute zunehmend an Souveränität, weil er viele seiner Aufgaben an internationale Organisationen abtritt. Eine stetig wachsende Zahl von Entscheidungen ist aus dem traditionellen Raum der Demokratie ausgewandert. Beschlüsse von lebenswichtiger Bedeutung werden im Bereich der Wirtschaft ebenso wie im Bereich der Verteidigung und der Sicherheit in nicht demokratischen Foren wie den Vereinten Nationen, der Europäischen Kommission, der Weltbank, der G8 oder der NATO getroffen. Auch wenn wir in der Regel die Stelle kennen, an der Entscheidungen gefällt werden, heißt das nicht, dass wir auf sie Einfluss nehmen, sie kontrollieren oder korrigieren können. Für die Europäische Union gilt im Prinzip dasselbe, was ich über die Globalisierung gesagt habe: Sie bewegt sich zwar weg von den Bürgern, doch glücklicherweise wird dieses Vakuum, das Fehlen einer europäischen Bürgergesellschaft, zum Teil durch nicht staatliche Zusammenschlüsse und Organisationen gefüllt." *(Die Furche,* 11. November 2005)

Ähnlich Grundlegendes hat Václav Havel, der große tschechische Literat, Dissident, Bürgerrechtler und Bürger-(Staats-)Präsident, festgestellt: „Eine funktionierende Demokratie kommt jedoch ohne aktive offene Bürgergesellschaft nicht aus, und die politischen Strukturen verkümmern ohne sie. Wir hoffen also nicht auf eine neue Demokratie in Europa. Entweder es herrscht Demokratie, oder sie herrscht nicht. Aber unsere Verantwortungslosigkeit, Gleichgültigkeit und Resignation als Bürger sind das, was sie am meisten bedroht, worüber wir nachdenken und dem wir die Stirn bieten sollten." *(Die Presse,* 7. Jänner 2006)

oder:

„Wir leben heute in einer demokratischen Gesellschaft, aber viele Menschen – nicht nur in der Tschechischen Republik – glauben noch immer, dass sie nicht die wahren Lenker ihres Geschickes sind. Sie haben das Vertrauen verloren, politische Entscheidungen wirklich beeinflussen zu können, von der Entwicklung, die unsere Zivilisation nimmt, ganz zu schweigen. (...) Die Demokratie wird zunehmend als bloßes Ritual angesehen. Ganz allge-

mein, so scheint es, erleben die westlichen Gesellschaften eine Art Krise ihres demokratischen Ethos und staatsbürgerlichen Engagements. (…) Global agierende Unternehmen, Medienkartelle und mächtige Bürokratien sind dabei, die politischen Parteien zu Organisationen umzuformen, deren hauptsächliche Aufgabe nicht länger im Dienst an der Öffentlichkeit besteht, sondern im Schutz bestimmter Klientelen und Interessen. Die Politik entwickelt sich zum Schlachtfeld von Lobbyisten; die Medien trivialisieren ernste Probleme; die Demokratie erscheint häufig mehr als virtuelles Spiel für Verbraucher denn als ernsthafte Angelegenheit für engagierte Bürger. (…) Dies ist der Grund, warum wir so viel Wert auf die moralische Dimension der Politik und auf eine lebensstarke Zivilgesellschaft legen: als Gegengewicht zu den politischen Parteien und staatlichen Institutionen."
(Der Standard, 30. Dezember 2004)

Gott in die Verfassung?

Generell wird beim Vergleich der Verfassungen der USA und der europäischen Demokratien deutlich, dass es zwei unterschiedliche Hauptrichtungen gibt: Einerseits „reine Spielregelverfassungen", die weitgehend wertneutral formuliert sind – so wie die gültige österreichische –, andererseits Verfassungen, die Grundwerte wie die Menschenrechte, Menschenwürde und den Schutz des Lebens von der Geburt bis zum Tod stark hervorheben und in einer Präambel auf das christlich-jüdisch-abendländische Erbe hinweisen oder auch Gott als den Schöpfer des Menschen, seiner Rechte und Würde nennen, wie zum Beispiel in Irland, Griechenland, der Schweiz, Polen oder auch Deutschland (im Grundgesetz).
Ernst-Wolfgang Böckenförde, ehemaliger Richter am deutschen Bundesverfassungsgericht, hat jedenfalls mit seinem Diktum

Recht, dass Demokratien die Bedingungen für ihr Überleben und ihren Erfolg nicht selbst hervorbringen können: „Der freiheitliche, säkularisierte Rechtsstaat lebt von Voraussetzungen, die er selbst nicht garantieren kann. (…) Als freiheitlicher Staat kann er einerseits nur bestehen, wenn sich die Freiheit, die er seinen Bürgern gewährt, von innen her, aus der moralischen Substanz des Einzelnen und der Homogenität der Gesellschaft, reguliert. (…) Der demokratische Staat ist auf nichtstaatliche, Moral generierende Institutionen angewiesen, um zu überleben." Die Grande Dame der deutschsprachigen liberalen Publizistik und langjährige *Zeit*-Herausgeberin Marion Gräfin Dönhoff sagte es kurz und bündig: „Eine freie Republik kann nicht ohne Tugend bestehen."

Es hat daher auch in Österreich im Zuge des Konvents Diskussionen über eine Verfassungspräambel gegeben, an denen auch ich mich beteiligt habe. So findet sich in der Verfassung des deutschen Bundeslandes Niedersachsen eine Präambel, die folgendermaßen lautet: „Im Bewusstsein seiner Verantwortung vor Gott und den Menschen hat sich das Volk von Niedersachsen durch seinen Landtag diese Verfassung gegeben." Diese Verfassung ist im Jahr 1997 erarbeitet worden. Der damalige niedersächsische Ministerpräsident war der Sozialdemokrat Gerhard Schröder, späterer Bundeskanzler, und er hat in der Argumentation, wieso dieser Gottesbezug dort möglich sein sollte, ausgeführt: „Für diejenigen, denen es aus ihrem christlichen Glaubensverständnis ein wirklich fundamentales Anliegen ist, ist es ganz schwer, darauf zu verzichten. Diejenigen dagegen, die diesen Bezug nicht wollen, können leichter damit umgehen."

Mir selbst scheint eine noch offenere Formulierung – so wie ich sie auch im Konvent eingebracht habe – wünschenswert, etwa in der Form: „Wir, sowohl diejenigen, die an Gott als Quelle der Schöpfung, der Würde und Rechte des Menschen, der Gerechtigkeit, der Freiheit, Nächstenliebe und Toleranz glauben, als

auch jene, die diesen Glauben nicht teilen, sondern diese universellen Werte aus anderen Quellen ableiten, haben uns in freier Selbstbestimmung kraft unserer verfassungsgebenden Gewalt diese Bundesverfassung gegeben."
Demokratie kann auch nicht *par ordre de mufti* eingeführt werden. Sie muss wachsen und sich entwickeln können und gelebt werden. Die Demokratie etwa im Irak oder in Afghanistan ist durch freie Wahlen allein noch nicht hergestellt. Wie fragil die Demokratie gerade in den Anfangsphasen ist, zeigt Europa zwischen den beiden Weltkriegen des 20. Jahrhunderts. Waren unmittelbar nach Ende des Ersten Weltkriegs 1918 nahezu alle europäischen Staaten Demokratien, so waren sie in den 1930er Jahren mehrheitlich faschistisch oder autoritär regiert: Deutschland und Italien genauso wie etwa Polen, Spanien, Ungarn und Österreich.

Engagement und Vertrauen – wichtige Währung des Zusammenhalts

Tatsächlich lebt auch die Demokratie in Österreich von vielen Errungenschaften der Bürgergesellschaft und mit einer Realverfassung, die bestenfalls peripher in die *Kelsen-Verfassung* samt ihren Novellierungen Eingang gefunden hat. Dies gilt für die zahlreichen ehrenamtlichen Tätigkeiten in Vereinen und Hilfsorganisationen genauso wie für die Kirchen, die Parteien, Bürger-, Umwelt- und Menschenrechtsinitiativen und das Modell der Sozialpartnerschaft.
Eine Demokratie ohne Demokraten, recte: eine, die den Bürgern gleichgültig ist, wäre außerordentlich gefährdet. Auch sinkende Wahlbeteiligungen sollten genau beobachtet und nicht allein achselzuckend mit der Bemerkung „Normalisierungsprozess" zur Kenntnis genommen werden. Es sind daher die strukturellen

Voraussetzungen zu verbessern, um die Bürger stärker zur Einmischung in ihre Angelegenheiten zu motivieren. Der Zugang der Bürger zur Politik muss erleichtert werden.

Vertrauen ist die wichtigste Währung gesellschaftlichen Zusammenlebens. Der Vertrauensverlust in die österreichische Demokratie ist insofern besonders beunruhigend, als gerade angesichts der Wirtschafts- und Finanzmarktkrise entschiedenes Handeln und kompetente Führungsautorität erforderlich wären und dies wahrscheinlich auch von der Bevölkerung als glaubwürdigkeits- und vertrauensfördernd empfunden würde. Der im Frühjahr 2010 zurückgetretene deutsche Bundespräsident Horst Köhler forderte in einer damals aufsehenerregenden Rede im März 2009 diese Art der Politik und ihren Vorrang vor der Wirtschaft: „Es braucht einen starken Staat, der dem Markt Regeln setzt und für ihre Durchsetzung sorgt." Und es gilt: Die Angst der Politiker vor Unpopulärem untergräbt das Vertrauen. Der Bürger ist mündiger und klüger, als feige Politiker glauben. Denn: „Die Wahrheit ist dem Menschen zumutbar." (Ingeborg Bachmann)

Tatsächlich ist der gegenteilige Effekt zu befürchten. Offenbar ist es so, dass die „Katastrophe" unmittelbar vor der Türe stehen muss, damit seitens der Politik etwas getan wird. Im letzten Augenblick fast panikartig handeln – passiv und reaktiv anstelle von steuernd und gestaltend proaktiv – erfordert aber meist wesentlich teurere und schmerzhaftere – und oft auch ungerechtere – Maßnahmen mit unbeabsichtigten Nebenwirkungen. Von der deutschen Bundeskanzlerin Angela Merkel stammt der nicht nur für die deutsche Politik beherzigenswerte Satz: „Je länger man das Notwendige unterlässt, umso teurer wird es später, das Unvermeidliche zu tun."

Es ist außerordentlich bemerkenswert, dass nicht nur Papst Benedikt XVI. das Streben nach Gerechtigkeit in seiner ersten Enzyklika zur Kernaufgabe der Politik erklärt hat, sondern dass auch so erfolgreiche Wirtschaftsführer wie Frank Stronach ganz klar

formulieren: „Demokratie kann nicht funktionieren, wenn es keine sozial-ökonomische Gerechtigkeit gibt."
Am Äußeren Burgtor in Wien lautet die Inschrift nicht zufällig: „Iustitia Fundamentum Regnorum (est)", also: „Die Gerechtigkeit ist die Grundlage guten Regierens." Es geht also darum, dem Bürger auch das Gefühl des ehrlichen Ringens um Gerechtigkeit und Fairness zu vermitteln, vor allem in wirtschaftlich schwierigen Phasen.

Ein Masterplan zur Staatsreform

Angesichts dieser unendlichen Geschichte der gebrochenen Reformversprechen könnte man eher zu Zynismus oder Resignation neigen. Dennoch sei versucht zu skizzieren, wohin die Reise Österreichs im 21. Jahrhundert im europäischen Kontext gehen sollte, wenn der Reformstau aufgelöst werden und die Republik als effizienter, international konkurrenzfähiger demokratischer Rechts- und Bundesstaat – getragen vom Vertrauen einer offenen und engagierten Bürgergesellschaft – anerkannt und gestärkt sein soll.
Es fragt sich: Was ist faul im Staate Österreich? Sind es die Politiker? Sind es die Bürger? Ist es „das System"? Im vorliegenden Buch sollen die wichtigsten Reformbaustellen beschrieben werden und daraus eine Reformagenda für Österreich abgeleitet werden, die in einem Jahrzehnt bis 2020 – dem 100-Jahr-Jubliäum der Bundesverfassung – umgesetzt werden kann. Dies mag vielen als Sisyphus-Aufgabe erscheinen, aber es ist notwendig, sich Sisyphus mit Albert Camus glücklich und unentmutigbar vorzustellen. Denn die im so österreichisch-typischen Roman *Der Mann ohne Eigenschaften* von Robert Musil dargestellte „Staatskunst des Fortwurstelns" mit den teuren kakanischen Parallelaktionen wird nicht mehr weiterhelfen. Und auch die resignative

Feststellung Franz Grillparzers, es sei der Fluch Österreichs „auf halben Wegen und zu halber Tat mit halben Mitteln zauderhaft zu streben", darf nicht als Ausrede zum Nichtstun dienen. Österreich sollte daher – um einen dritten bedeutenden literarischen Erkunder der österreichischen Seele, nämlich Karl Kraus, zu bemühen – nicht „Versuchsstation für den Weltuntergang" sein, sondern eher ein Laboratorium der Zukunftsgestaltung.
Es ist dem Industrie-Generalsekretär Markus Beyrer beizupflichten, wenn er sich gegen die Aussage wehrt, dass, wenn schon früher nichts weitergegangen sei, auch jetzt nichts gelingen werde: „Dieser Defätismus macht mich schaudern. Denn wann, wenn nicht jetzt, sollen Reformen passieren?" *(Salzburger Nachrichten,* 14. Mai 2010) Der Schweizer Schriftsteller Max Frisch formulierte einmal: „Krise ist ein produktiver Zustand. Man muss ihr nur den Beigeschmack der Katastrophe nehmen." In China bedeutet das Schriftzeichen für Krise entweder Katastrophe oder Chance. Es sollten alle Anstrengungen unternommen werden, um die Krise als Chance zu gestalten.

Kapitel 2

Die Verfassungsruine: 90 Jahre permanente Baustelle Bundesstaat

Bis heute ungelöstes und teures Ringen um Kompetenzen – Pseudoföderalismus

Die Geburt der Republik – nach dem Untergang der Donaumonarchie mit der Niederlage im Ersten Weltkrieg im November 1918 – und der Bundesverfassung am 1. Oktober 1920 war zugleich die Geburt des bis heute dauernden unbefriedigenden Ringens um die Aufgabenverteilung im Bundesstaat. Der frühere Justizminister und Innsbrucker Verfassungsrechtler Hans Klecatsky sprach etwa in den 1960er Jahren von einer „Verfassungsruine". Der Bundesstaat – insbesondere die Frage der Länderkompetenzen und der Mitwirkung der Länder an der Bundesgesetzgebung via Bundesrat – ist daher seit 90 Jahren eine permanente Baustelle. Die fundamentalen Auffassungsunterschiede der Parteien werden im „Bericht des Verfassungsausschusses über den Entwurf eines Gesetzes, womit die Republik Österreich als Bundesstaat eingerichtet wird (Bundesverfassungsgesetz)" vom Frühherbst 1920 besonders deutlich. Darin wird auf die Entstehungsgeschichte der Bundesländer und der Republik eingegangen:

„Hemmender jedoch als die genannten äußeren Schwierigkeiten wirken die tiefgehenden Meinungsverschiedenheiten über den Grundcharakter und die Einzelheiten der Verfassung, die zwischen den Parteien der Nationalversammlung zutage traten, noch mehr aber die Interessengegensätze zwischen dem Gesamtstaat und seinen sich immer mehr als selbständige Staaten fühlenden Gliedern, den Ländern.“
Das Protokoll über die Wortmeldungen der 100. Sitzung der konstituierenden Nationalversammlung der Republik Österreich vom 29. September 1920, bei der die neue Bundesverfassung diskutiert und beschlossen wurde, zeigt diese großen inhaltlichen Gegensätze der Parteien. So hieß es bereits in der Berichterstattung durch den christlichsozialen Professor und späteren Bundeskanzler Ignaz Seipel: „Der Verfassungsausschuss selbst, und zwar die Mitglieder aller Parteien, waren sich wohl dessen bewusst, dass unserem Verfassungsentwurf Mängel von nicht geringer Gewichtigkeit anhaften, Mängel, die über den Charakter bloßer Schönheitsfehler hinausgehen …“ Seipel verwies darauf, dass sich schon in einer der ersten Sitzungen der Nationalversammlung – am 14. März 1919 – Meinungsverschiedenheiten darüber zeigten, „ob unser Staat, wenn er einmal definitiv konstituiert würde, als Einheitsstaat oder als Bundesstaat aufgebaut werden müsse.“ (…) „Es ist dann eine bedeutsame Lücke in unserem Verfassungsentwurf in Bezug auf die Kompetenzabgrenzung enthalten (…) Wir finden dann drittens eine solche Lücke in Bezug auf die Regelung der finanziellen Auseinandersetzung zwischen dem Bunde, den Ländern und den Gemeinden. Auch das ist eine Sache, die man ja eigentlich in der Verfassung selbst geregelt sehen möchte.“

Österreich-Brevier

Eine kurz gefasste Übersicht über die wichtigsten Institutionen im Staate Österreich:
Österreich ist ein demokratischer Bundesstaat. Das nationale Parlament besteht aus zwei Kammern – dem alle fünf Jahre zu wählenden 183-köpfigen Nationalrat und der Länderkammer, dem Bundesrat, dessen gegenwärtig 62 Mitglieder von den Landtagen entsandt werden.
Der Bundespräsident gelobt die Bundesregierung an und wird alle sechs Jahre vom Volk gewählt.
Die Bundesregierung wird vom Bundeskanzler geführt.
Die neun Bundesländer verfügen jeweils über eine Landesregierung mit einem Landeshauptmann an der Spitze und 36 bis 56 Mandatare umfassenden Landtagen (mit Ausnahme der Bundeshauptstadt Wien, die Bundesland und Gemeinde in einem ist und 100 Abgeordnete hat). Die Landtage werden auf fünf Jahre gewählt (Ausnahme Oberösterreich: sechs Jahre).
Die Gemeinderäte bzw. Bürgermeister der 2.356 österreichischen Gemeinden werden je nach Bundesland alle fünf bis sechs Jahre gewählt.
In Österreich ist ein Verhältniswahlrecht verfassungsrechtlich vorgeschrieben.

Zentralismus versus Föderalismus

Der sozialdemokratische Hauptredner Robert Danneberg machte in seiner langen Rede am 29. September 1920 deutlich, warum der Bundesstaat seit seinem Inkrafttreten in der Bundesverfassung 1920 stets in dieser prekären Situation war: „Damit ist keineswegs ausgesprochen – und das möchte ich auch am Ende der Beratungen ausdrücklich wieder sagen –, dass wir an und für sich den Bundesstaat als die geeignetste Staatsform für dieses Land Deutschösterreich erachten.“ Ein Einheitsstaat „schien uns besser und zweckmäßiger für dieses arme und kleine Land und es wäre uns zweckmäßiger erschienen, auch im Hinblick darauf, dass wir ja wollen, dass dieses Deutschösterreich dereinst ein Bestandteil der Deutschen Republik werden soll. (...) Wenn wir zurückschauen, gar nicht weit in die Geschichte, nur in die Zeit bis zum November des Jahres 1918, sieht jeder, dass diese Länder nichts anderes waren als habsburgerische Provinzen. (...) Von irgendeiner Selbständigkeit der Länder, von irgendeiner Machtbefugnis der Länder konnte da gar keine Rede sein. (...) Und wenn wir auch den Bundesrat überhaupt für eine überflüssige Einrichtung halten: Da er nicht zu vermeiden war, ist er hier in seiner Kompetenz doch auf ein Minimum beschränkt und wird die Gesetzgebung nicht zu verhindern vermögen. Er ist auf ein Minimum von Kompetenz beschränkt und seine Zusammensetzung wird nicht wesentlich von der des Nationalrates verschieden sein ...“ Der großdeutsche Abgeordnete Heinrich Clessin betonte: „Abgesehen davon ist die Verfassung nur dadurch zustande gekommen, dass auch in vielen anderen Belangen schwächliche Kompromisse geschlossen worden sind. (...) Es ist selbstverständlich, dass bei jeder föderalistischen Verfassung ein Bundesrat vorhanden sein muss, weil der Selbständigkeit der einzelnen Länder einzig durch den Bundesrat erst Ausdruck gegeben wird. (...)“ Die in der Verfassung getroffene Konstruktion als „Abklatsch des ersten Hauses“ sei aber absolut unbefriedigend.

Historisch gewachsenes Landesbewusstsein

Der Verweis Dannebergs auf die „zentralistische Verfasstheit der Monarchie“ greift historisch wesentlich zu kurz. Denn ursprüng-

lich waren die heutigen österreichischen Bundesländer meist selbstständige Herzogtümer, Grafschaften oder ein Erzbistum (wie Salzburg). Es wurden ihnen auch immer wieder Sonderrechte eingeräumt oder sie hatten eine eigene *Magna Charta* wie die *Georgenberger Handfeste* von 1186 für die Steirer oder das *Tiroler Landlibell* von 1511. Die *Georgenberger Handfeste*, die auch die Grundlage der Vereinigung der selbstständigen Herzogtümer Österreich und Steiermark war, ist somit eigentlich die Geburtsstunde des österreichischen Föderalismus. Erst der Absolutismus und vor allem der Josephinismus brachten stärkere Zentralisierungstendenzen.
Ein Österreicher definiert sich stets zunächst über sein Heimatland und erst dann über den Gesamtstaat („Ich bin Steirer, Tiroler, Kärntner etc. – und Österreicher"). Das gewachsene Regional- und Landesbewusstsein ist unabhängig von der realen verfassungsrechtlichen Kompetenzlage stark und wohl unauslöschlich. Eine Abschaffung des Bundesstaates wäre überdies – siehe den bereits zitierten Artikel 2 BVG – eine Totaländerung der Verfassung, die einer zwingenden Volksabstimmung unterworfen werden müsste. Daher werden in Österreich, aber auch anderswo – wie Beispiele etwa in der früheren DDR zeigten –, Gebietsreformen vom Reißbrett her immer scheitern. Dies gilt, wie Umfragen regelmäßig belegen, auch gegenwärtig und wird wohl zweifellos eine Zukunftsperspektive bleiben. Laut einer vom Internationalen Institut für Liberale Politik Wien im September 2007 veröffentlichten IMAS-Umfrage votierten 34 Prozent der Befragten für eine stärkere Rolle der Länder, nur 14 Prozent präferierten eine einheitliche österreichische Politik. Zu ähnlichen Ergebnissen kam es im langfristigen Vergleich auch in einer IFES-Fessel-Studie zum Parlamentarismus 1998 und in einer OGM-Untersuchung im Jahr 2000.

Die BVG-Novelle 1929: Der nie realisierte Länder- und Ständerat

In der Ersten Republik bildete die 1920 beschlossene Verfassung bis zur Errichtung des „Ständestaats" 1934 – nach Ausschaltung des Parlaments 1933 durch Bundeskanzler Engelbert Dollfuß – das Fundament. Doch bereits seit 1920 gab es ständig Bemühungen um eine grundlegende Staatsreform, die 1925 zu einer vor allem die Position der Bundesländer in der Verwaltung stärkenden „kleinen Novellierung" und dann 1929 zur großen BVG-Novelle führte. Im Wesentlichen hatte diese zum einen die Volkswahl und Aufwertung der Befugnisse des Bundespräsidenten zum Inhalt, die allerdings erst in der 1945 wiederbegründeten Zweiten Republik, nämlich 1951, erstmals zum Tragen kamen. Zum anderen – und das ist kaum bekannt – sollte der Bundesrat zu einem Länder- und Ständerat umgebaut werden, in dem u. a. die Landeshauptleute und die Landesfinanzreferenten Sitz und Stimme gehabt hätten. Diese Bestimmungen der BVG-Novelle 1929 wurden nie umgesetzt. Auch nach 1945 nicht, als mit dem Zusammentritt des aus den ersten freien Wahlen nach dem Weltkrieg hervorgegangenen Nationalrats am 19. Dezember 1945 das BVG in der Fassung der Novelle 1929 wieder in Kraft trat – allerdings mit der Einschränkung, dass der Bundesrat wieder so zusammengesetzt sein sollte wie 1920.

Insgesamt wurden auch in der Zweiten Republik vielerlei Reformanläufe unternommen, die allerdings nichts Substanzielles an der seit 1918 fragilen bundesstaatlichen Situation änderten. Das Lippenbekenntnis zur Verfassungsreform und zur Stärkung des Föderalismus gehörten zum guten Ton und fungierten quasi als Stehsatz jeder Regierungserklärung und jedes Arbeitsübereinkommens einer neuen Bundesregierung.

Hervorgehoben sei die BVG-Novelle 1974, die einige Verbesserungen für die Bundesländer brachten: etwa durch Ermöglichung des Abschlusses von Vereinbarungen nach Artikel 15a und 16a BVG („Staatsverträge" über Kooperationen zwischen den Bundesländern, aber auch mit Nachbarregionen) und Zustimmungsrechte des Bundesrates bei Verfassungsänderungen, die die Bundesländer betreffen. Bis dahin hatte der Bundesrat nur ein Einspruchsrecht, also ein „aufschiebendes Veto" für acht Wochen. Wenn der Bundesrat also seine Zustimmung nicht erteilt, kommt das Verfassungsgesetz nicht zustande (absolutes Veto). Was in der Theorie großartig klingt, blieb und bleibt in der Praxis nahezu bedeutungslos, solange die Fraktionen der Parteien, die jeweils in der Bundesregierung koalieren, im Bundesrat kraft des „Klubzwangs durch Koalitionsabkommen" so abstimmen müssen wie im Nationalrat und nicht – wie es eigentlich einer „Länderkammer" vom Anspruch her zustünde – so, wie es der Interessenlage bzw. Meinungsbildung im jeweiligen Bundesland entspricht.

Perchtoldsdorfer Paktum 1992 zum EU-Beitritt

Eine der vielversprechendsten Reforminitiativen wurde im Zuge der Beitrittsbemühungen Österreichs zur EU Anfang der 1990er Jahre gesetzt. Es war logisch, dass ein EU-Beitritt gravierende Auswirkungen auf die innerstaatliche Kompetenzlage und die Aufgaben der Gebietskörperschaften haben würde.
Da auch die Bundesländer voll in den Pro-EU-Kurs des Gesamtstaates eingebunden werden sollten, raffte man sich zu einer großen Verhandlungsrunde auf. Gemeinsam mit dem EU-Beitritt sollte im Parlament auch eine „Neuordnung des Bundesstaates" beschlossen werden. Die Grundsätze dafür wurden im *Perchtoldsdorfer Paktum* festgelegt, das am 8. Oktober 1992 im Heimatort des damaligen turnusmäßigen Vorsitzenden der

Landeshauptmänner-Konferenz, dem niederösterreichischen Landeshauptmann Siegfried Ludwig, von allen Landeshauptleuten und vom damaligen Bundeskanzler Franz Vranitzky für die Bundesregierung unterzeichnet wurde. Darin hieß es u. a.: „Die Verteilung der Staatsaufgaben auf den Bund, die Länder und die Gemeinden ist im Sinne des Subsidiaritätsprinzips, einer effizienten und bürgernahen Besorgung der Staatsaufgaben, eines möglichst gleichwertigen Standards der grundlegenden Lebensverhältnisse im Bundesgebiet sowie der Anforderungen, die sich aus der europäischen Integration ergeben, neu zu ordnen.
Es sind geschlossene und abgerundete Kompetenz- und damit Verantwortungsbereiche des Bundes und der Länder zu schaffen. Für die ‚Querschnittsmaterien' (wie z. B. Wirtschaftslenkung, Raumplanung, Umweltschutz und Katastrophenbekämpfung) sind problemorientierte kompetenzrechtliche Regelungen zu treffen. Bestehende Kompetenzzersplitterungen (wie z. B. in den Angelegenheiten der gesetzlichen beruflichen Vertretungen, des Schifffahrtswesens, des Elektrizitätswesens, des Arbeitsrechts, des Gesundheitswesens, des Dienst- und Personalvertretungsrechts, des Baurechts und des Behindertenrechts) sind zu beseitigen.
Alle Vorschriften zur bundesstaatlichen Kompetenzverteilung müssen in das BVG eingebaut und dort in möglichst geschlossenen Regelungsbereichen konzentriert werden.
Die mit der Neuordnung der Kompetenzverteilung zusammenhängende Neugestaltung der Finanzverfassung und des Finanzausgleiches wird in dem zwischen den Finanzausgleichspartnern (Bund, Ländern und Gemeinden) zu beschließenden Finanzausgleichspakt festzulegen sein.
Eine grundsätzliche Reform des Bundesrates ist im Sinne der Stärkung seiner Stellung als Länderkammer anzustreben."
1994 wurde im Parlament wohl der EU-Beitritt beschlossen, der auch in einer Volksabstimmung mit einer Zweidrittelmehrheit eindrucksvoll bekräftigt wurde, die Bundesstaatsreform

versandete aber. Über die Ursachen dafür kursieren vielerlei Versionen. Eine davon war, dass die bisher nur informell tagende, aber wirkungsvoll agierende Landeshauptleute-Konferenz in der Verfassung verankert werden sollte, was einigen Sozialdemokraten sauer aufstieß, da die SP damals nur zwei von neun Länderchefs stellte. Die Landeshauptleute-Konferenz hatte sich jedenfalls als wesentlich effizientere Interessenvertretung der Föderalisten herausgestellt als die – wie dargestellt – mit schweren Geburtsfehlern behaftete Länderkammer, die u. a. der Verfassungsrechtler und Chefredakteur der *Salzburger Nachrichten* Rene Marcic 1966 als „Leichnam des Bundesrates" bezeichnete. Daher gab es auch nach der BVG-Novelle 1929 immer wieder Überlegungen, die Länderchefs in die Länderkammer zu integrieren. Zahlreiche Politiker – vor allem VP-Spitzenpolitiker von Landeshauptmann Josef Krainer I. bis zu Andreas Khol – schlugen dies ebenfalls im Laufe der letzten Jahrzehnte immer wieder vor.

Der Weg zum Österreich-Konvent

Es gab und gibt immer wieder vielerlei Reforminitiativen und Erneuerungsschritte – allerdings höchst unsystematisch. Einige seien genannt:

- Die Stärkung der Volksrechte in Bund, Ländern und Gemeinden
- Die verstärkte Parteienstellung von Bürgern und Umweltorganisationen in Bau- und Verwaltungsverfahren (wie Straßen und Großprojekte)
- Die Schaffung einer Vielzahl von Ombudsstellen und Beauftragten (von der Gleichbehandlung über Behinderte bis zum Bundesheer)

Das alles erfolgte, meist wohlgemeint und anlassbezogen, daher aber unsystematisch. Mein Vorschlag zur Einberufung eines

Österreich-Konvents hatte daher vor allem auch die Motivation eine grundlegende und systematische Erneuerung zu erreichen und damit einem zunehmend unübersichtlich werdenden legistischen und verwaltungsmäßigen Wildwuchs mit teils widersprüchlichen Rechtsanordnungen entgegenzuwirken, wodurch gute Absichten in ihr Gegenteil verkehrt werden.

Daher habe ich im Jänner 2001 an wichtige politische und mediale Verantwortungsträger einige „Überlegungen zur Bundesrats- und Bundesstaatsreform mit Operationskalender" ausgesandt. Um „die jahrzehntelangen Diskussionen in eine wirklich ernsthafte und nachhaltige Strukturreform münden zu lassen", schlug ich eine Bundesstaats- und Föderalismuskonferenz vor, an denen die Vertreter der Bundesregierung, des Parlaments, der Parteien, die Landeshauptleute, die Landtagspräsidenten, Repräsentanten des Gemeinde- und Städtebundes sowie führende Verfassungswissenschafter teilnehmen sollten (damit waren auch die wesentlichen „Player" des späteren Österreich-Konvents benannt).

2002 habe ich dann konkret in dem von Alfred Payrleitner herausgegebenen Sammelband „Die Fesseln der Republik – ist Österreich reformierbar?" in diesem Sinne formuliert:

„Um wirklich bei der österreichischen Staatsreform weit voranzukommen, schiene es sehr sinnvoll, parallel zum europäischen Verfassungskonvent des Post-Nizza-Prozesses einen ähnlichen Bund, Länder, Gemeinden, gesetzliche Interessenvertretungen und Sozialversicherungen etc. umfassenden österreichischen Verfassungskonvent einzuberufen, der diesen Zielen dient und einen Masterplan für Österreichs Staatsaufbau im 21. Jahrhundert entwickelt, wie es beispielsweise Maria Schaumayer und Alfred Payrleitner vorgeschlagen haben. Auf die Agenda-Liste dieses Konvents, der die Fesseln der Republik sprengen und beweisen sollte, dass Österreich die Kraft hat, sich selbst zu reformieren, gehören u. a.:

- Ein Masterplan für abgerundete Kompetenzbereiche für Bund, Länder und Gemeinden mit dem Ziel Bürgernähe, Transparenz und Effizienz
- Institutionenreform (National- und Bundesrat, Landtage, Sozialpartner, Sozialversicherung, Wahlrecht etc.)
- Verwaltungsreform inklusive E-Government
- Reform des Steuer- und Finanzausgleichssystems

Thema eines Österreich-Konvents sollten auch die Sicherstellung einer besseren Gesetzqualität (wenige, aber bessere und verständliche Gesetze) und vor allem das Verhältnis von repräsentativer und direkter Demokratie inklusive der zwingenden Volksabstimmung nach einem stark unterstützten Volksbegehren bei gleichzeitiger Festlegung ‚unabstimmbarer' Grundsätze sein.

Das Ergebnis des Konvents wäre natürlich einer Volksabstimmung zu unterziehen, um breitest mögliche Legitimation zu erzielen."

Ende März 2002 machte der damalige SPÖ-Chef Alfred Gusenbauer im Zusammenhang mit der Verfassungsreform einen ähnlichen Vorschlag und stellte auch die Verankerung des Nulldefizits in der Verfassung zur Diskussion. Jenem Denkanstoß erging es genauso wie seinem im Juli 2002 geäußerten Gedanken, dass ein Mehrheitswahlrecht diskussionswürdig wäre. Einerseits wurde er von eigenen Parteifreunden teils rüde zurückgepfiffen, andererseits gab es die üblichen tagespolitischen Auseinandersetzungen mit sehr schlichten parteipolitischen Reflexen, die einen grundsätzlichen Diskurs über sperrige Themen kaum zulassen. Gerade auch unter diesem Aspekt schien mir eine etwas längerfristige Diskussion von Grundsatzfragen abseits der Tagespolitik in Form eines Konvents sehr wünschenswert.

Mitte September 2002 wurde der Nationalrat für vorzeitige Wahlen aufgelöst. Im selben Monat schlug auch der damalige Rechnungshofpräsident Franz Fiedler einen Österreich-Konvent vor – eine Idee, die danach SPÖ-Chef Alfred Gusenbauer neuerdings aufgriff und Fiedler als möglichen Vorsitzenden eines solchen Konvents (was dieser letztlich auch wurde) nannte. Dies veranlasste mich am 22. Oktober 2002 zu einem Rundschreiben, in dem ich im Postskriptum anmerkte: „Diese Überlegungen haben viel positives Echo in Politik, Wirtschaft, Industrie und Wissenschaft erhalten, wobei VP-Klubobmann Andreas Khol schon vor Längerem eine Zusage gegeben hat, die Idee eines rot-weiß-roten Verfassungskonvents für Österreich in der kommenden Legislaturperiode zu verfolgen." Andreas Khol hielt Wort und unterstrich in seiner Antrittsrede als neugewählter Nationalratspräsident am 20. Dezember 2002: „Gemeinsam sollten wir den Gedanken aufgreifen, einen Österreich-Konvent zur Durchsicht unserer Verfassungsentwicklung durchzuführen." Nationalratspräsident Khol und ich als damaliger Bundesratspräsident präsentierten sodann Anfang des Jahres 2003 ein Arbeitspapier für Mandat und Funktionsweise des Konvents, der am 30. Juni 2003 startete und im Bundesrats-Sitzungssaal tagte.

Der bis Jänner 2005 beratende Österreich-Konvent kam trotz seiner umfangreichen Grundlagenarbeit – der wohl umfassendsten je in diesem Zusammenhang geleisteten – zu keinem Konsens: sowohl wegen des Bund-Länder Antagonismusses als auch weil die SPÖ der VP-geführten Bundesregierung im Vorwahljahr keinen Erfolg gönnen wollte.

Dabei hatte zu Konventstart u. a. der Wiener Bürgermeister Michael Häupl davon gesprochen, dass man „zum Erfolg verurteilt" sei. Ähnlich hatte sich auch der damalige zweite Nationalratspräsident Heinz Fischer geäußert, der meinte, wenn eine so hochkarätige Runde tage, könne nicht nur ein „Mäuslein" geboren werden. Es blieb aber beim Mäuslein in Form einiger kleiner Retuschen.

Bundesländer-Bashing

Der Bund-Länder-Antagonismus ist nicht zu leugnen und hat sich in den letzten Jahren sogar noch verschärft. Angesichts der Budgetnöte des Zentralstaates ist es Mode geworden, *Bundesländer-Bashing* zu betreiben.

„Wenn Länder und Gemeinden endlich sparten, dann wäre das Problem gelöst. So werfen aber Länder und Gemeinden das Geld des ‚Bundes' mit vollen Händen hinaus, ohne dafür Verantwortung übernehmen zu müssen. Sie sind Verschwender und Reformblockierer." So lauten einige schick gewordene Stereotypen und Klischees, die von einer Wiener Insidergesellschaft in seltener Kumpanei von Bundespolitikern aller Parteien, Exponenten der Hochbürokratie und Medienmachern der meist in der Bundeshauptstadt Wien angesiedelten österreichweit meinungsbildenden Medien verbreitet werden. Sogar so angesehene Publizisten wie Hans Rauscher schreiben über „die Geldvernichter in den Bundesländern" (*Der Standard*, 20. Februar 2010). Jakob Zirm im zweiten großen Hauptstadt-Qualitätsblatt *Die Presse* übertitelt einen Leitartikel vom 18. Mai 2010 mit „Schaffen wir doch endlich die Länder ab". Vorkommnisse wie in der Haider- und Post-Haider-Phase Kärntens fördern diese Vorurteile gegenüber den Ländern.

Es herrscht jedenfalls ein abgrundtiefes parteienübergreifendes Misstrauen der Ländervertreter gegenüber den Bundesvertretern und umgekehrt, das zu traurigen Reformblockaden führt. Nahezu jeder Bundesvorschlag wird als Angriff auf die Länderautonomie interpretiert. Auch wenn die Bundesländer selbst geringe Kompetenzen im Vergleich zu der Schweiz, Deutschland, den USA oder anderen klassischen Bundesstaaten haben, ist das realpolitische Gewicht der Landeshauptleute sehr groß, sind sie doch gleichzeitig meist auch Chefs der jeweiligen Landesparteiorganisationen und als „Landesfürsten" von den Bundesparteien oft

gefürchtete „Königsmacher", „Zwischenrufer und Kommentatoren der Bundespolitik".
Die Länder, speziell ihre Spitzenrepräsentanten, haben daher auch ein beachtliches Verhinderungspotenzial. Dieses Verschanzen hinter ohnehin real in der Bedeutung immer geringer werdenden formalen Landeskompetenzen führt dazu, dass der Föderalismus in Österreich generell als Hemmschuh für die Zukunftsentwicklung der Republik gesehen wird. Der prominente und erfolgreiche österreichische Spitzenmanager Claus Raidl meinte mit seiner Lust an der verbalen Zu- und Überspitzung einmal, so wie die Sowjetunion am Kommunismus zugrunde gegangen sei, werde Österreich am Föderalismus ersticken.
Tatsächlich kann ein stures Festhalten an einem falsch verstandenen und teuren Fassadenföderalismus zu solchen Kurzschlüssen führen. Auch Gerd Bacher prangert in seinem Beitrag für dieses Buch dieses Negativphänomen an, führt aber gleichzeitig die Schweiz als positives Beispiel an. Darum geht's – um die richtige Organisation des Staatsaufbaus und des Föderalismus. Dafür müssen Bundes- und Ländervertreter über ihren Schatten springen, Prestigestandpunkte verlassen und sich kreativen und innovativen Lösungen öffnen.
Dazu in der Folge einige Denkanstöße, die auch an Fakten und Dimensionen orientiert sind:
Selbst wenn die Länder „abgeschafft" würden, wären damit die Budgetprobleme des Zentralstaates nicht gelöst. Wenn Länder und Gemeinden drastisch sparten, was sicherlich höchst angebracht wäre, würde das allein den Gesamtstaat in keiner Weise retten. Denn der Bund verfügt mittlerweile bereits über mehr als 70 Prozent der Finanzmasse. So ist beispielsweise der Anteil an den gemeinschaftlichen Bundesabgaben im Zeitraum von 2000 bis 2007 auf Bundesebene von 68,6 auf 72,7 Prozent gestiegen, während der der Länder (inkl. Wien als Land) von 17,2 auf 14,5 Prozent und der der Gemeinden (inkl. Wien als Gemeinde) von

14,2 auf 12,8 Prozent sank. Trotzdem wuchs das Bundesbudgetdefizit, während die Länder Überschüsse erwirtschafteten.
Der Anteil der Länder und Gemeinden an den gemeinschaftlichen Bundesabgaben sinkt also seit Jahren, obwohl sie besonders dynamisch wachsende Ausgabenbereiche – Stichworte: Spitals-, Kindergarten- und Sozialwesen (insbesondere Pflege) – zu finanzieren haben. Es wird etwa im Bereich der Pflege mit einer Kostenexplosion bis 2020 in den Bundesländern zwischen 70 und 100 Prozent gerechnet, bis 2030 sollen sich die Pflegekosten des Staates insgesamt von vier Milliarden Euro 2010 auf 8,4 Milliarden Euro mehr als verdoppeln.

Laut Budgetvoranschlägen 2009 entfielen von den Ausgaben auf die einzelnen Gebietskörperschaften:
Bund: 179,211 Milliarden Euro
Bundesländer ohne Wien: 25,782 Milliarden Euro
Wien: 11,155 Milliarden Euro
Gemeinden ohne Wien: 16,907 Milliarden Euro

Vom Gesamtschuldenstand des Sektors Staat in der Höhe von 176,7 Milliarden Euro entfielen:
Bund: 90,9 %
Länder ohne Wien: 5,3 %
Gemeinden mit Wien: 2,8 %
Sozialversicherungsträger: 1 %

Die Verschuldung pro Kopf in Euro im Bund und in den einzelnen Bundesländern ergibt folgendes Bild (Gesamtverschuldung mit Stand 2009, in Klammern die Neuverschuldung im Jahr 2010):
Bund: 20.174 (596)
Kärnten: 2.732 (475)
Niederösterreich: 1.995 (296)
Salzburg: 1.128 (365)

Wien: 1.052 (182)
Burgenland: 815 (82)
Steiermark: 440 (101)
Tirol: 403 (120)
Vorarlberg: 259 (47)
Oberösterreich: 0 (0)

Es gibt gewiss viel Reformbedürftiges auf Länderebene, aber wohl auch teilweise viel Gravierenderes auf Bundesebene. Man denke nur an den großen Brocken ÖBB. Oder an andere Themen: etwa, dass sich der Bund drei verschiedene Wetterdienste (je einer in Verantwortung des Wissenschafts-, des Verteidigungs- bzw. des Verkehrsministeriums), mehrere unterschiedliche Fuhrparkmanagements, mehrere Arbeitsinspektionen (z. B. auch ein Verkehrsarbeitsinspektorat) und 160 Personalabteilungen leistet, statt diese zu konzentrieren.
Unbestrittenes Ziel muss ein schlanker und bürgernaher Staat sein, der den Bürgern Mitbestimmungsmöglichkeit und Lebensqualität bietet. Der Weg zu diesem Ziel erfordert mutige Reformen ohne Scheuklappen, Besitzstandswahrung und wechselseitige Schuldzuweisungen.

Neudefinition des Verhältnisses EU – Zentralstaat – Länder – Gemeinden

Der Chefredakteur der *Salzburger Nachrichten* Manfred Perterer übertitelt seinen Leitartikel vom 27. März 2010 mit „Die Staatsreform ist keine Einbahn“ und schließt folgendermaßen: „Wir sollten nicht darüber nachdenken, wie wir die Länder aushungern können, sondern wie wir ihnen mehr von jenen Aufgaben geben können, deren prompte, bürgernahe und billige Erledigung uns allen hilft.“ Schon zuvor – am 19. Februar 2010 – schrieb

Alexander Purger ebenfalls in den *Salzburger Nachrichten* unter dem Titel *Echter Föderalismus spart Geld:* „Wir sind nicht reich genug, um uns den Wiener Zentralismus und bloß scheinaktive Bundesländer länger leisten zu können."

Eine Neudefinition des Verhältnisses Europäische Union – Zentralstaat – Länder – Gemeinden ist spätestens seit dem EU-Beitritt 1995 unabdingbar. Durch den am 1. Dezember 2009 in Kraft getretenen *Vertrag von Lissabon* werden einerseits Kompetenzen der EU-Organe, andererseits die Möglichkeiten der nationalen Parlamente, durch die Betonung des Subsidiaritätsprinzips mit der Subsidiaritätskontrolle und dem vorausgehenden Stellungnahmerecht der nationalen Parlamente – in Österreich also sowohl des National- als auch des Bundesrates – zu EU-Vorhaben, gestärkt. Dadurch könnten insbesondere auch dem Bundesrat als der Länderkammer des österreichischen Parlaments neue Möglichkeiten, Aufgaben und Verantwortungen zukommen.

Mit dem Ausbau der gemeinsamen Sicherheits- und Außenpolitik der EU und überhaupt grundsätzlich der immer weiter gehenden Synchronisierung vieler Politikbereiche stellt sich auch die Frage der Aufgabenstellung der Nationalstaaten.

Es geht um eine neue Architektur Europas. Schon vor Jahren haben international bedeutende Denker wie Daniel Bell gemeint: „Der Nationalstaat ist für die großen Probleme des Lebens zu klein und für die kleinen Probleme zu groß." Der Salzburger Philosoph Leopold Kohr dachte ähnlich („small is beautiful – die Rückkehr zum menschlichen Maß").

Die Neupositionierung des Nationalstaates in dieser zunehmend größer und bedeutsamer werdenden supranationalen Gemeinschaft bedingt auch eine Neubewertung der innerstaatlichen Aufgaben und Kompetenzen sowie eine Reform der innerstaatlichen Strukturen und Institutionen, der bisher nur unzureichend Rechnung getragen wurde.

Eine interessante Position nimmt dabei der österreichische Schriftsteller Robert Menasse ein, der sich 2010 für einige Monate vertieft mit den EU-Mechanismen beschäftigte. Er betonte im *Kurier* vom 31. März 2010: „Die aktuelle Diskussion, die Landesverwaltungen und die Landtage abzuschaffen, zumindest zurückzustutzen, ist falsch. Wenn man perspektivisch denkt, muss man den Bund abschaffen. Das nationale Parlament setzt ohnehin fast nur noch EU-Richtlinien um."

Ein bürgernahes Europa braucht starke Regionen

So viel Europa- und Österreich-Einheitlichkeit wie notwendig, so viel Bürgernähe, Föderalismus, Subsidiarität und Stärkung der Gemeindeautonomie wie möglich – könnte sinnvollerweise die Parole sein.

Ein sich zunehmend einigendes Europa, das ein Europa der Bürger sein will, kann nur ein Europa der Regionen sein. Schon in der Präambel des 1993 in Kraft getretenen *EU-Vertrages von Maastricht* wurde der Weg zur „immer engeren Union der Völker Europas, in der Entscheidungen so bürgernah wie möglich getroffen werden" festgeschrieben und das Subsidiaritätsprinzip hervorgehoben.

Ein sich zunehmend einigendes Europa, in dem nationalstaatliche Entscheidungen an Bedeutung verlieren, erfordert daher eine starke Verankerung in den Regionen. Der langjährige österreichische EU-Kommissar Franz Fischler wies zu Recht darauf hin: „Wenn wir Europa wieder näher zu den Bürgern bringen wollen, führt kein Weg an den Regionen vorbei." Der wichtigste Ansatz zur Stärkung der Regionen sei „das strikte Befolgen des Subsidiaritätsprinzips im Gemeinschaftsrecht".

Die Finanzmarktkrise, die zur schweren globalen Realwirtschaftskrise geführt hat, hat bekannte systemische Probleme offengelegt.

„Too big to fail" ist eines jener Schlagworte geworden, die die Gefahren übertriebener Zentralisierung beschreiben. In diesem Sinne äußerte sich auch die 2009 mit dem Wirtschaftsnobelpreis ausgezeichnete Elinor Ostrom in einem Interview mit der Wochenzeitung *Die Zeit* am 14. Oktober 2009: „Mehr örtliche Autonomie und die Möglichkeit, mit Dingen zu experimentieren, sind damit besser als eine zentrale Verwaltung, die alles festlegt."

Regionen mehr geschätzt als der Zentralstaat

Dezentralisierung ist ein internationaler Trend in anderen bisher eher zentralistisch regierten Staaten. Regionalität kann auch die Lebensqualität fördern, Zentralisierung hingegen aufgrund wachsender Distanzen und Anonymität auch Politikverdrossenheit und Separatismus provozieren. Die Mitgestaltungsmöglichkeit in der überschaubaren Region wiederum ist demokratiefördernd. Der Wunsch nach Beheimatung wächst – die Besinnung auf regionale Stärken und die Erfüllung des Bedürfnisses nach Heimat ist auch eine wichtige Antwort auf die Globalisierung und die Gefahr der *McDonaldisierung* unserer Gesellschaft durch eine Einheitskultur. „Global denken – lokal handeln."
Auch Umfragen zeigen sehr deutlich, dass Länder und Gemeinden wesentlich höher bei ihren Bürgern im Kurs stehen als der Zentralstaat.
Dies hat auch eine Eurobarometer-Umfrage aus 2009 zur EU-Stimmung zum Ausdruck gebracht, wobei das Vertrauen der Bevölkerung in Österreich zu den regionalen und lokalen Behörden mit 67 Prozent noch deutlich höher über dem europäischen Schnitt von 50 Prozent angesiedelt ist. Die nationale Ebene liegt mit 50 Prozent deutlich zurück. Auch bei der Frage, welche der verschiedenen Ebenen die größte Bedeutung für die Lebensbedingungen hat, wird die Bedeutung der Länder und Gemeinden

in Österreich besonders hoch eingeschätzt. Die Bundesebene steht im europäischen Ranking deutlich hinter der regionalen und kommunalen Ebene zurück. Dieser europaweite Vergleich korreliert eindeutig auch mit den zahlreichen, bereits zitierten einschlägigen Umfragen der letzten Jahre in Österreich.

Richtig organisierter Föderalismus ist modern

Staatsreform sollte daher nicht mit Zentralisierung verwechselt werden. Föderalismus ist kein teurer Luxus, sondern Föderalismus kann, wenn er richtig organisiert ist – also wenn die Aufgaben richtig zugeordnet sind –, moderner, bürgernäher, demokratischer und kostengünstiger als Zentralismus sein. Föderalismus ist auch keine Frage der Einwohner- oder Flächenquantität. Das zeigt auch ein Vergleich Österreichs mit klassisch föderalistischen Staaten. Besonders wichtig erscheinen in diesem Zusammenhang auch die Hinweise von zwei der angesehensten Wirtschaftsforscher Österreichs, dem Chef des IHS (Institut für Höhrere Studien) und Präsidenten des Staatsschuldenausschusses Bernhard Felderer und dem früheren langjährigen Chef des Instituts für Wirtschaftsforschung (WIFO) Helmut Kramer:
„Als Vorarlberger liegt es mir am Herzen, darauf hinzuweisen, dass föderalistisch strukturierte Staaten nicht unbedingt eine teurere Verwaltung haben müssen“, sagte Kramer und betonte weiter, dass der öffentliche Personalaufwand in den USA um zwei Prozent des Bruttoinlandsproduktes unter dem Durchschnitt der EU-Länder liege. Die USA hat bekanntlich eine vorbildhafte föderalistische Struktur.

Beispiele Schweiz, Bayern, USA

Selbsternannte Staatsreformexperten, wie etwa Hannes Androsch, kritisieren in ein und demselben von ihnen verfassten Artikel den Föderalismus und stellen die Schweiz als Vorbild für Österreich dar.
Tatsache ist: Die Eidgenossenschaft ist mit 41.294 Quadratkilometern Fläche und 26 Kantonen und 2.880 Gemeinden für 7,7 Millionen Einwohner flächenmäßig und föderalistisch kleiner strukturiert als Österreich (83.858 Quadratkilometer Fläche, neun Bundesländer, 8,3 Millionen Einwohner, 99 Bezirkshauptmannschaften und Städte mit eigenem Statut, 2.356 Gemeinden). Dennoch hat die Schweiz eine wesentlich geringere Dichte an Regulierungen und an öffentlich Bediensteten, während z. B. Frankreich – ein zentralistischer Paradestaat unter den westlichen Demokratien – einen der aufgeblähtesten bürokratischen Apparate hat. Ein Geheimnis der Schweiz ist es auch, dass es dortzulande ganz klare Trennungen zwischen den Aufgaben des Bundes, der Kantone und der Gemeinden gibt.
Sogar in Deutschland gibt es Bundesländer, die kleiner als so manche in Österreich sind. Das Saarland ist flächenmäßig kleiner als Vorarlberg, Thüringen und Schleswig-Holstein sind kleiner als die Steiermark, Hessen, Rheinland-Pfalz, Sachsen und Sachsen-Anhalt sind mit Niederösterreich vergleichbar.
Ein weiteres beliebtes Beispiel oberflächlicher österreichischer Föderalismuskritiker ist der Vergleich mit Bayern. Natürlich ist Bayern als eines der größten deutschen Bundesländer einwohnerstärker als Österreich, aber der Freistaat ist auch weiter untergliedert: in sieben Regierungsbezirke – natürlich mit Regierungspräsidien –, 71 Landkreise (diese entsprechen den österreichischen Bezirkshauptmannschaften), 25 kreisfreie Städte und 2.051 Gemeinden. Selbstverständlich erfolgen auf Landkreis- und Gemeindeebene Wahlen, gibt es also Regionalparla-

mente, und im Gegensatz zum österreichischen Bezirkshauptmann wird der Landrat (als Chef des Landkreises) auch durch Wahl bestimmt.
Von den 50 US-Bundesstaaten haben acht weniger Einwohner als die Steiermark, sieben weitere eine Million bis zwei Millionen Einwohner, insgesamt streut die Einwohnerzahl zwischen 35 Millionen (Kalifornien) und 0,5 Millionen (Wyoming). Die Hälfte der 320 Millionen Amerikaner lebt in zehn Staaten und wird von 20 Senatoren vertreten, während dem kleineren Teil der Bevölkerung – verteilt auf 40 Staaten – 80 Senatoren „gehören". Trotzdem stellt niemand die Existenz dieser Bundesstaaten, ihre Kompetenzen und das Prinzip, dass alle – unabhängig von ihrer Größe – je zwei Senatoren in den bundesgesetzgeberisch mächtigen Senat in der Bundeshauptstadt Washington entsenden, ernsthaft in Frage.
Im Vergleich zum kleinsten Bundesstaat der Welt (St. Kitts und Nevis) mit 261 Quadratkilometern und 41.000 Einwohnern ist Österreich unverhältnismäßig groß. Auch der bevölkerungsmäßig kleinste australische Bundesstaat (Northern Territory) liegt mit 190.000 Einwohnern noch immer deutlich unter der Einwohnerzahl des Burgenlands (276.000), vom kleinsten Schweizer Kanton (Appenzell-Innerrhoden) mit 14.000 Einwohnern gar nicht zu reden. Nicht zuletzt gehört mit Luxemburg ein Staat der Europäischen Union an, der ungefähr die Größenverhältnisse Vorarlbergs aufweist. Slowenien, die baltischen Staaten, Malta und Zypern sind mit größeren österreichischen Bundesländern vergleichbar.

Das effiziente Optimum suchen

Bernhard Felderer unterstreicht: „Nach dem Subsidiaritätsprinzip müsste das föderale System effizienter sein, weil es bürgernäher ist. Es sei denn, dass die Aufgaben den jeweiligen Gebietskörperschaften nicht so zugeordnet sind, dass ein effizientes Optimum dabei herauskommt.“ Von diesem Optimum ist der österreichische Föderalismus weit und teuer entfernt, aber um genau dieses Optimum geht es.

Eine Studie von Helmut Kramer vergleicht die Ausgaben für aktive öffentliche Bedienstete in Österreich, Deutschland und der Schweiz, gegliedert nach Staatsebenen und Aufgabenbereichen, und stellt fest, dass Österreich am zentralistischsten organisiert ist. Der Anteil der allgemeinen Hoheitsverwaltung des Bundes beträgt in Österreich 32 Prozent, in der Schweiz 23 Prozent und in Deutschland 19 Prozent. Insgesamt wendet Österreich zehn Prozent seines Bruttoinlandsproduktes für die Personalkosten in der Verwaltung auf, in Deutschland und der Schweiz sind es nur 8,7 Prozent bzw. 8,5 Prozent Die Differenz zwischen diesen beiden föderalistischer organisierten Staaten und Österreich beträgt also 1,3 Prozent bzw. 1,5 Prozent des Bruttoinlandsproduktes.

Wettbewerbsföderalismus – Best Practice – Benchmarking

Landesorgane könnten daher gut geeignet sein, schlanke und bürgernahe Regelungen den unterschiedlichen regionalen Gegebenheiten anzupassen. Dies auch deshalb, weil die Länder untereinander in einem gewissen Wettbewerb stehen. Nicht nur in der Wirtschaft und im Sport, sondern auch in der Politik sollte der Wettbewerb zu einem fruchtbaren Druck führen, bestehende Inhalte und Strukturen laufend zu überdenken und im Sinne eines (Wettbewerbs- und Standort-)Vorteils zu verbessern.

Ziel muss es also sein, in möglichst vielen Bereichen eine Wettbewerbssituation der besten Ideen und der effektivsten und effizientesten Umsetzung zu fördern. Die bereits zitierte Nobel-

preisträgerin Elinor Ostrom setzt auf eine Art Ideenwettbewerb unter den Regionen und Staaten, um Antworten auf die großen Fragen der Menschheit zu funden: „Man sollte Leute auf verschiedenen Ebenen mit Regeln experimentieren lassen, die zum Ziel haben, unsere Ressourcen in einem guten Zustand zu belassen.“ *(Die Zeit,* 30. Dezember 2009)
Ziel muss es weiters sein, sich mit den besten Regionen zu messen, durchaus auch in dem Sinn, von den Besten lernen zu können *(Best Practice).* Solche Vergleiche und die tatsächlich gelebte Praxis werden immer mehr zu Kriterien bei der Standortentscheidung von Unternehmen. Beispiel: Der Vergleich der Dauer einer Betriebsanlagengenehmigung zwischen mehreren Behörden – auch über die Landesgrenzen hinweg – führt zur Bewusstseinsbildung und sollte Ansporn für bessere Ergebnisse sein.

Länder sollen Steuerverantwortung übernehmen – Transparenz ist entscheidend

Das immer wieder in die Debatte geworfene Steuerfindungsrecht für die Länder ist nicht unbedingt der Lösungsansatz. Eigene Ländersteuern erfordern möglicherweise auch zusätzliche Bürokratie durch eigene Ländersteuerbehörden und können zu teuren Mehrkosten führen.
Andererseits ist es völlig unverständlich, warum die Länder sich scheuen, Verantwortung für einen Teil des Steueraufkommens – etwa einen gewissen Prozentsatz an Massensteuern – zu übernehmen und dies auch zu kommunizieren. Damit könnten die Länder in der Föderalismusdebatte, die sie viel zu defensiv und nicht solidarisch führen, einige der sich bietenden Angriffsflächen entschärfen. So aber herrschen oft egoistische Motive vor, weil man für *sein* Bundesland mehr vom Bund als ein anderes Land herausholen will.

Entscheidend ist aber letztlich nicht das Steuerfindungsrecht, sondern eine möglichst große Transparenz der Mittelaufbringung und Mittelverwendung sowie Ausgaben- und Aufgabenverantwortung in einer Hand.
Es geht daher auch um eine Reform des Finanzausgleichs, wobei nach Expertenansicht ein aufgabenorientierter Finanzausgleich und die Verteilung der Ertragsanteile nach breiter gestreuten Indikatoren als der Bevölkerungszahl notwendig sind. So sollten Fläche und Beschäftigungsentwicklung als neue zusätzliche Kriterien zur Aufteilung der Ertragsanteile mitberücksichtigt werden. Flächengroße Länder, teilweise mit Gebirgstopographie, haben höhere Ausgaben, beispielsweise in der Verkehrsinfrastruktur, bei der Wasserver- oder Abwasserentsorgung.

Schuldenbremse einbauen

Um die Politik auf allen Ebenen – von Europa über die Nationalstaaten bis hin zu den Regionen und Kommunen – zum möglichst verantwortungsbewussten Umgang mit den Steuergeldern zu zwingen, wäre generell eine Schuldenbremse verfassungsrechtlich einzubauen. Wer ein gewisses Budgetdefizit-Niveau überschreitet – nationalstaatlich also etwa die berühmten drei Prozent am Bruttonationalprodukt (also eines der dann, als es ernst wurde, totes Recht gebliebenen Kriterien des *EU-Vertrages von Maastricht* als Basis der Euro-Einführung) –, müsste natürlich auch mit Sanktionen rechnen. In Deutschland soll eine solche Bestimmung in wenigen Jahren greifen, und auch der Landtag Steiermark hat dies für künftige Landesbudgets beschlossen. Zu dieser Schulden- und Defizitbremse sollte sich auch eine Obergrenze für Haftungen gesellen.

In einer Analyse der *Neuen Zürcher Zeitung* wurde nüchtern festgestellt, dass Österreich zwar eines der teuersten Gesundheits- und Bildungssysteme hat, dass diesem international überdurchschnittlichen Mitteleinsatz aber nur unterdurchschnittliche Ergebnisse gegenüberstehen. Auch hierin zeigt sich, wie teuer fehlorganisierter Föderalismus à l'Autriche sein kann. Rechnungshofpräsident Josef Moser drückte es in einem *Wiener Zeitung*-Interview am 11. Juni 2010 so aus: „Wir haben in vielen Bereichen eine gute Versorgung, aber der Input, mit dem wir die Leistungen finanzieren, entspricht nicht dem Output. Bei der Bildung stecken wir viel hinein, aber die Ergebnisse sind höchstens durchschnittlich. Eine Verwaltungsreform bedeutet nicht weniger, sondern ein besseres und gleichzeitig ein effizienteres Handeln."

Teure Megabaustelle Gesundheitsreform

Das Gesundheitswesen ist die teuerste und seit Jahrzehnten offene heimische Megabaustelle. Warum werden ärztliche Leistungen von den (Gebiets-)Kassen in jedem Bundesland unterschiedlich vergütet, obwohl der Beitragssatz im gesamten Bundesgebiet gleich hoch ist? Warum zahlen die Beamtenversicherung oder die Versicherung der gewerblichen Wirtschaft deutlich höhere Arzt-Tarife?

Warum gibt es in Österreich pro Million Einwohner mehr als doppelt so viele Magnetresonanz- und Computertomografen als im Durchschnitt der EU-15-Kernländer? Warum haben wir um rund ein Viertel höhere Spitalskosten und 70 Prozent mehr Akut-Spitalsbetten – die teuerste Form der medizinischen Betreuung – als der EU-Durchschnitt?

Insgesamt sind die Gesundheitskosten in rund einem Jahrzehnt von 15,7 Milliarden Euro 1997 um 68 Prozent auf 25,8 Milliarden Euro 2008 gestiegen. Während für die Spitäler rund zehn Milliarden Euro aufgewendet werden müssen, erfordern die ambulante Versorgung 7,2 Milliarden und die Medikamente 5,1 Milliarden Euro.

Für die Ärztehonorare müssen die Kassen allein aufkommen, für die Spitäler hingegen Bund, Länder, Gemeinden und Kassen gemeinsam zahlen. Daher haben die Sozialversicherer das höchste Interesse, möglichst viele Patienten in die Spitäler zu bringen. Bei den Spitalskosten etwa trug die Sozialversicherung 2008 nur mehr 43,4 Prozent oder 4,1 Milliarden Euro der Kosten, während die Länder 6,3 Milliarden Euro mit einem zehnprozentigen Bundesbeitrag leisten mussten. Der Länderbeitrag steigt alljährlich stärker, auch eine Folge der zersplitterten Ausgabenverantwortung. In den Spitälern wiederum stehen teure Geräte und Einrichtungen die meiste Zeit ungenutzt herum, weil die Spitalsärzte nebenbei auch Privatordinationen haben und freie Ärzte gegenwärtig nicht in Spitälern ordinieren dürfen. Allgemein ist die Versorgung durch die niedergelassenen Ärzte sicherlich kostengünstiger und patientenfreundlicher als der Weg ins Spital. Ärztegemeinschaften, Ärztehäuser, Gesundheitszentren, mobile Dienste – vor allem, wenn sie ein Rund-um-die-Uhr-Service bieten – könnten solche Ansätze sein, um Spitäler zu entlasten.

Der Unfug, Spitäler in kurzen Distanzen zu errichten bzw. zu betreiben, etwa Mödling – Baden (12 Kilometer), Knittelfeld – Judenburg (18 Kilometer), Kittsee – Hainburg (12 Kilometer) oder Leoben – Bruck (17 Kilometer), muss endlich abgestellt werden. Dabei muss kein einziges Spitalsgebäude geschlossen, sondern oft einfach umgewidmet werden. Pflege, Palliativ- und Hospizmedizin brauchen ohnehin dynamisch wachsend zusätzliche Betten.

Die dilettantisch umgesetzten und bald wieder abgeschafften Ambulanzgebühren wären ein richtiger Ansatz gewesen, um einen Lenkungseffekt weg vom teuren Spital hin zum niedergelassenen Arzt als *gatekeeper* eines humanen Gesundheitssystems zu erzielen.

Es geht also um eine integrierte Sozial- und Gesundheitspolitik, um ein Gesamtkonzept mit Finanzierungsverantwortung aus einer Hand.

Grundsätzlich ist bei den Kassen die Systemfrage zu stellen: Soll es weiterhin eine Finanzierung über einkommensabhängige Beiträge, also nach dem alten Bismarck'schen Modell aus der zweiten Hälfte des 19. Jahrhunderts, oder eine rein staatliche Finanzierung nach dem englischen Konzept von Lord William Beveridge geben? Die Sorge um die Lohnnebenkosten und die Wahrscheinlichkeit weiter steigender Aufwände, etwa im Pflegebereich, sprechen heute eher für das Modell von Beveridge.

Die Ausfächerung der 35 Sozialversicherungsträger mit unterschiedlichen Ärztetarifen und Leistungen pro Bundesland und nach Berufsgruppen trotz bundeseinheitlicher Beiträge ist ein Anachronismus. Auf diese Weise kommt die „Klassenmedizin" durch die Hintertür. Entweder setzt man daher zentral und einheitlich Leistungen und Honorare fest oder man entscheidet sich für einen echten Wettbewerb unter den Kassen, d. h., jeder, der in die Pflichtversicherung einzahlt, sollte sich jene Kasse frei wählen können, von der er sich individuell den besten Service erwartet – immer gepaart mit Förderung der Eigenverantwortung und Prävention. Dies könnte in weiterer Folge auch für die Arztwahl gelten, wo es auch zu einem nützlichen Wettbewerb kommen könnte – anstelle der Frontstellung quasi pragmatisierte Kassenvertragsärzte versus Wahlärzte.

Selbstverständlich müsste eine gewisse Basisleistung von allen Kassen angeboten werden – diese dürften keine Versicherungsanträge ablehnen, und die Beitragshöhe müsste so wie bisher gesetzlich festgeschrieben werden.

Außerdem sollte eine echte Selbstverwaltung, also eine tatsächliche Interessenvertretung der Versicherten, gewährleistet sein –

eventuell durch Urwahlen der Vertreter. Die gegenwärtige „Selbstverwaltung" der Kassen besteht aus Kammer- und Gewerkschaftsfunktionären, die sich gegenüber den von ihnen Vertretenen noch nie real rechtfertigen mussten.

Weg mit Doppelgleisigkeiten, Parallelstrukturen und Kompetenzzersplitterungen – eine einheitliche schlanke Verwaltung schaffen!

Das Gesundheitswesen ist nur das prominenteste und teuerste Beispiel. Geteilte und partiell auch doppelgleisige Zuständigkeiten bei Schulen, Kindergärten, Pflege, Sozialhilfe usw. – diese Zersplitterung mit ihrer Schnittstellenproblematik macht Föderalismus österreichischer Spielart oft so teuer und ineffizient.
Es gibt genug Beispiele in der Doppelbürokratie, die ernsthaft zu überprüfen sind – von den Schulbehörden über Sozial- und Wirtschaftsförderungseinrichtungen, den Denkmalschutz bis hin zur Sicherheitsexekutive (z. B.: Landespolizeikommanden versus Sicherheitsdirektionen). Auch Sondereinrichtungen des Bundes wie Vermessungsämter oder die Lawinen- und Wildbachverbauung sind zu hinterfragen. Bei vielem ist es wahrscheinlich sinnvoll, die entsprechenden Bundesbehörden in den Ländern in den Ämtern der Landesregierung zusammenzufassen, da sich die mittelbare Bundesverwaltung (= Vollzug von Bundesaufgaben durch Landesbehörden) als wesentliches Strukturmerkmal der österreichischen Verwaltungsorganisation im Grundsatz bewährt hat, und diese Aufgaben nicht wieder neu doppelgleisig zu verteilen – wie 2010 bei der Mindestsicherung zwischen AMS und Landessozialabteilungen. Mit der Administration des Pflegegeldes wiederum sind 280 (!) Stellen betraut und es gibt in allen Bundesländern verschiedene Standards. Das gilt auch für die Pflegekräfte.

Schule: Nicht Türschilder, sondern Inhalte sind wichtig

Wenn die Aufgaben der Schulverwaltung künftig von Behörden der Länder wahrgenommen würden, wäre ein jahrzehntelanger Streitpunkt beigelegt. Denn kurioserweise sind die Landesschulräte und Bezirksschulräte Bundeseinrichtungen. Parallel dazu bestehen natürlich Schulabteilungen der Länder, für Pflichtschulbau und Erhaltung wiederum sind die Gemeinden zuständig. Ein Weiterbestand der derzeitigen Schulbehördenstruktur unter einer anderen Bezeichnung – wie in den letzten Jahren als *Bildungsdirektionen* angedacht – oder die Schaffung neuer gemeinsamer Behörden von Bund und Ländern wären Etikettenschwindel und keine zukunftsweisende Reform. Denn für die Schulverwaltung gilt dasselbe wie für die Bildungsreform insgesamt: Auf die Inhalte und ihre bestmögliche Umsetzung, nicht auf die Türschilder kommt es an. Und für den Dauerzankapfel Landeslehrer, die vom Bund bezahlt werden, gäbe es eine ganz einfache Lösung: Die Bundesländer übernehmen die Finanzierungsverantwortung für sie.

Klarerweise ist eine Harmonisierung der Dienst- und Pensionsrechte von Bund, Ländern und Gemeinden anzustreben. Denn nur so ist eine gewisse Durchlässigkeit zwischen den einzelnen Ebenen gegeben. Vor allem aber definiert sich der Föderalismus sicher nicht über den Wettbewerb, wer die größeren Pensionsprivilegien möglichst lange absichert.

Eine Harmonisierung in Ausbildung und Bezahlung ist auch in den pädagogischen Berufen höchst angebracht, auch dadurch könnten gewisse Schulreformblockaden aufgelöst werden.

Und eine weitere Bemerkung zum österreichischen Beamtendienstrecht:

Es muss Schluss sein mit dem übertriebenen Versetzungsschutz und teuren und provokanten Frühpensionsionierungsaktionen bei Bahn, Post und Telekom, wenn zugleich bei Exekutive und Judikative zusätzliches Personal bitter nötig ist.

Die Wiedergeburt der Dörfer und Gemeinden

Besonders wichtig ist aber auch die Einbindung der Gemeinden in die notwendige Aufgabenreform, da auch hier das Kompetenz- und Finanz-Wirrwarr zu teuren Schnittstellenproblematiken und Parallelstrukturen führt.
Was die Zahl und Größe der Gemeinden betrifft, gilt Ähnliches wie in Bezug auf Länder und Regionen. Es gibt Staaten mit im Einwohnerdurchschnitt wesentlich größeren, aber auch solche mit noch kleineren Gemeinden als Österreich.

Die Gemeindestrukturen ausgewählter Länder

Land	Anzahl der Gemeinden	Durchschnittliche Gemeindegröße (EW)	Einwohner in Mio
Australien	8.564	30.800	20,5
Schweden	289	30.700	9,1
Niederlande	537	29.500	16,3
Polen	2.489	15.500	38,5
Italien	8.100	7.100	58,8
Deutschland	13.854	5.900	82,3
Österreich	2.356	3.500	8,3
Ungarn	2.910	3.200	9,9
Schweiz	2.880	2.500	7,5
Frankreich	37.997	1.600	60,6

Quelle: Institut für Föderalismus

Es kommt auf die Aufgabenzuordnung an. Prinzipiell gilt, je überschaubarer eine politische Einheit ist, umso demokratischer ist sie. In der deutschen Tageszeitung *Die Welt* fand sich am 18. September 2009 ein bemerkenswerter Artikel unter dem Titel: „Die Wiedergeburt der Dörfer. Durch ländliche Gegenden weht der Wind des Fortschritts", in dem es u. a. heißt: „Dabei ist ein lebendiges Dorf ein stabilerer Schutzwall gegen Bedrohungen der globalisierten Welt, gegen Einsamkeit und Überforderung, Kriminalität und Umweltschäden, als es Kölner Szene oder Münchner Chic je sein können."

Die programmatische Feststellung des *Gemeindegesetzes* 1849 „Die Grundfeste des freien Staates ist die freie Gemeinde" ist zeitlos gültig, gerade auch im Blick auf die Entwicklungen des 21. Jahrhunderts. Eine vitale und zukunftsfeste Demokratie bedarf der Gemeinden, ihrer engagierten Vertreter und der aktiven Bürger (= Zivilgesellschaft), wobei es wesentliche Akzentverschiebungen gibt. Die Gemeinden sollen die Basis des demokratischen Staates und der offenen Zivilgesellschaft sein.

Die tiefgreifende Wirtschafts- und Finanzmarktkrise, die vor allem auch durch eine Überbetonung des kurzfristigen Profitstrebens zu Lasten einer nachhaltigen Entwicklung, den Versuch der Ökonomisierung aller Lebensbereiche, was zwangsläufig den Verlust menschlicher Grundwerte und Beziehungsgeflechte mit sich bringt, sowie die Reduzierung des *Homo sapiens* auf den *Homo oeconomicus* ausgelöst wurde, bewirkt einen gesamtgesellschaftlichen Umdenkprozess.

Werte und Haltungen, wie sie insbesondere in überschaubaren Gemeinschaften wie den Gemeinden gelebt werden – Subsidiarität, Solidarität, Mitmenschlichkeit, Gemeinwohlorientierung –, erleben eine Renaissance und werden neu interpretiert. Das ist eine große Zukunftschance für Gemeinden, Staat und Gesellschaft. Menschsein ist mehr als Wirtschaften. Überschaubare Gemeinschaften sind Inseln der Menschlichkeit.

Die Gemeinden können gerade in der gegenwärtigen wirtschaftlichen und gesellschaftlichen Situation, in der die Bedeutung der Nachhaltigkeit, Subsidiarität, Solidarität, des Gemeinwohls, der Mitmenschlichkeit und der bürgerlichen Tugenden zunehmend erkannt werden, modellhaft wirken.

Die Zugehörigkeit zu einer Gemeinde ist ein wichtiges Identifikationsmerkmal und daher oft ein sehr emotionales Thema für die Menschen. Viele Bürger stehen der Zusammenlegung von Gemeinden sehr ablehnend gegenüber. Vielfach könnten Zusammenlegungen auch das Aus für das ehrenamtliche Engagement in der Gemeinde (Feuerwehr, Rotes Kreuz, Vereine etc.) bedeuten. Das Ehrenamt und das vielfältige Engagement der Bürgergesellschaft sowie fördernde Anreize dafür werden aber immer wichtiger – sowohl in finanzieller Hinsicht als auch vor allem aus der Perspektive einer Gesellschaft mit menschlichem Antlitz, die nicht alles anonymen staatlichen Institutionen überträgt.

Vor allem einflussreiche Kreise aus Industrie und Wirtschaft fordern aber Gemeindezusammenlegungen. Für solche spräche die Fortsetzung einer schädlichen Kirchturmpolitik, wonach jede noch so kleine Gemeinde ihr eigenes Rüsthaus, ihre eigene Veranstaltungshalle, ihr eigenes Hallenbad etc. haben muss. Wenn es hier nicht zu kleinregionaler Zusammenarbeit mit Aufgabenteilung kommt, wird der Ruf nach Gemeindefusionen wesentlich stärker werden. Oft ist auch ein einzelner Bürgermeister und Gemeindesekretär mit schwierigen Rechtsfragen – etwa, wenn er einem spezialisierten Anwalt gegenübersteht – überfordert. Hier sind Zusammenarbeit und die Zusammenlegung des Back Office ein Gebot der Zeit.

Andererseits ist folgende Behauptung eine Mär: „Je größer eine Gemeinde ist, umso effizienter ist sie." Denn der Österreichische Gemeindebund hat folgende Berechnung angestellt:

Gemeinden mit einer Größe von bis zu 2.500 Einwohnern beschäftigen im Durchschnitt acht Mitarbeiter pro 1.000 Einwohner. Je größer die Einwohnerzahl einer Gemeinde ist, desto höher steigt dieser Wert an. Gemeinden zwischen 10.000 und 20.000 Einwohnern beschäftigen durchschnittlich schon 15 Mitarbeiter/1.000 Einwohner. In Gemeinden zwischen 20.000 und 50.000 Einwohnern ist die Mitarbeiterzahl überhaupt am höchsten (20 Mitarbeiter/1.000 Einwohner).

Auch die Ausgaben für Personal steigen daher mit der Größe der Gemeinde an.

Gerade die kleinen Gemeinden wirtschaften so effizient, dass ihre freie Finanzspitze relativ mehr Investitionen zulässt als jene von großen Gemeinden und Städten. In kleinen Gemeinden werden pro Jahr im Schnitt 394 Euro pro Einwohner an echten Neuinvestitionen getätigt, in großen Städten sind es nur 275 Euro, in Städten mit mehr als 50.000 Einwohnern sogar nur 152 Euro. Die kleinen Gemeinden tragen also zur wirtschaftlichen Kraft des öffentlichen Sektors deutlich mehr bei als die großen.

2010 werden aber aufgrund der wegen der Wirtschaftskrise sinkenden Einnahmen, denen etwa bei der Pflege stark wachsende Ausgaben – 2009 plus 8,5 Prozent und seit 2004 über plus 30 Prozent – gegenüberstehen, erstmals ein Drittel der österreichischen Gemeinden nicht mehr ausgeglichen budgetieren können, was im letzten Jahrzehnt bisher eigentlich immer gelang.

Apropos Aufgabenverteilung: An erster Stelle muss die Aufgabenkritik stehen. Welche Aufgaben muss die öffentliche Hand überhaupt wahrnehmen und wenn ja, auf welcher Ebene – Europa, Bund, Land oder Gemeinde? Gibt es Aufgaben, die überhaupt nur mehr privat erledigt werden können – eventuell in *Private Public Partnerships* oder mit Förderung oder lediglich Kontrolle durch die öffentliche Hand? Da wird es sicherlich einiges geben.

Weniger Bezirkshauptmannschaften – mehr Bürgerbüros

Entscheidend ist insgesamt der Nutzen für den Bürger – sein bestmöglicher Zugang zum Recht und Bürgerservice nach dem One-Desk-Prinzip. Ungeachtet der formalen Kompetenzlage wären Bürgerbüros bzw. Servicezentren anzustreben, die für alle Verwaltungsebenen – EU (inklusive der Regionalmanagementstellen und Infostellen), Bund, Länder, Gemeinden –, aber auch für die Sozialversicherungen, die Gerichtsbarkeit und weitere öffentliche Rechtsträger kompetent Information und Hilfe bieten. Auch hier sind neue Ansätze gefragt.

Für die Bezirkshauptmannschaften – eingeführt so wie die Bezirksgerichte im Zeitalter der Pferdekutschen als schnellstem Verkehrsmittel – gilt dasselbe wie für die Spitäler: Kein einziger Standort muss aufgelöst werden. Jede einzelne der bisherigen Bezirkshauptmannschaften könnte ein solches Bürgerbüro beinhalten – aber der ganze Aufwand, den sich jetzt eine Bezirkshauptmannschaft mit Behördenleiter und Referaten leistet, könnte auf weniger Regionen konzentriert werden. Baubezirksleitungen und Agrarbezirksbehörden wurden genauso wie Kammer-Bezirksstellen bereits zusammengefasst und dieser Prozess muss weitergehen. Dafür sollte es stärkere Kompetenzzentren und mehr Bürgerservice – auch von den „Amtszeiten" und der Internetzugänglichkeit her – geben.

Seit dem EU-Beitritt gibt es die jeweils mehrere Bezirke zusammenfassende Ebene der NUTS 3 Regionen – in Österreich sind das 35 Regionen statt 99 Bezirke (15 Statutarstädte und 84 Bezirkshauptmannschaften) mit eigenen EU-Regionalförderstellen. Vielleicht wäre dies eine angemessene Zahl für Bezirkshauptmannschaften, in die aber dann auch die EU-Stellen und vielleicht Kammern und Krankenkassen zumindest servicemäßig integriert werden könnten.

Denn das ist etwas ganz Wesentliches: Die durch die Reformen geschaffenen neuen Strukturen sollen die alten ersetzen und nicht additiv wirken, wodurch alles noch teurer, komplizierter und aufgeblähter wird. Es gibt ja die böse, aber im Kern nicht falsche, Behauptung, dass Österreich sich noch immer die Großbürokratie eines großen Vielvölkerstaates leistet, obwohl die Donaumonarchie bereits 1918 untergegangen ist.

Der österreichische Horizont ist größer als die Wiener Perspektive

Bei den meisten Diskursen bestimmt der Standort den Standpunkt. Daher werden in Österreich die Spar- und Aufgabenreformdiskussionen mit Ausnahme weniger Medien (wie etwa der westösterreichischen Tageszeitungen) hauptsächlich aus zentralistischer Perspektive geführt. Im Gegensatz zu klassischen Bundesstaaten wie der Schweiz, Deutschland oder den USA, in denen die wichtigsten Institutionen, aber auch die meinungsbildenden Medien auf verschiedene Orte aufgeteilt sind, ist in Österreich das Meiste Wien-zentriert. Das birgt allerdings die Gefahr eines etwas eingeengten Horizonts in sich. Bundesländer und Gemeinden sind nicht nur teure und provinziell denkende Störenfriede, sondern können bereichernd, bürgernäher und möglicherweise sogar effizienter und sparsamer sein. (Das muss aber auch Landespolitikern in Hinblick auf Gemeinden bewusst sein – Länderzentralismus ist genauso fragwürdig wie Bundeszentralismus.)
In der Schweiz sind Zürich und Basel die Finanzzentren. Bundestag und Bundesrat sitzen in Bern, in Lausanne der Verfassungsgerichtshof und in Genf die internationalen Organisationen. In Deutschland ist die Bundesregierung in Berlin und Bonn angesiedelt, die obersten Gerichte sind u. a. in Karlsruhe und Leipzig, die Bundesanstalt für Arbeit in Nürnberg, die wichtigsten

überregionalen Medien sind verteilt auf Berlin, Hamburg, Frankfurt, München, Mainz und das Finanzzentrum ist Frankfurt. In den USA ist in kaum einem Bundesstaat die größte Stadt die Landeshauptstadt, Washington ist der Regierungssitz, New York ist der Sitz der Banken, die Medien verteilen sich von New York über Atlanta bis Los Angeles.

Neudefinition der Aufgaben der Landtage

Seit dem EU-Beitritt Österreichs 1995 stellen sich neue, ernsthaft zu erwägende Sinnfragen des Parlamentarismus auf Bundes- und Landesebene. Viele der grundsätzlichen Entscheidungen für die nationale Gesetzgebung werden seit nunmehr bald 15 Jahren in Brüssel getroffen. Der frühere deutsche Bundes- und Verfassungsgerichtshofpräsident Roman Herzog beziffert dies mit 80 Prozent der Materien, für die die EU die Rahmenrichtlinien vorgibt und die quasi im Rank-Xerox-Verfahren in National- und Bundesrat und in den Landtagen mit der einen oder anderen Ausschmückung kopiert werden müssen.

Die schleichende Zentralisierung durch bundes- und europapolitische Vorgaben und das immer stärker werdende Übergewicht auch an Sach- und Entscheidungskompetenz der Exekutive gegenüber der Legislative ist sowohl im Bundesparlament als auch insbesondere in den Landtagen spürbar.

Die ohnehin nur rudimentären gesetzgeberischen Kompetenzen der Landtage werden immer fragwürdiger. Bald wird außer dem Jagd- und Fischereiwesen nicht mehr viel übrig bleiben. Der Tierschutz wurde schon vereinheitlicht; dass der Jugendschutz mit den von Bundesland zu Bundesland völlig unterschiedlichen Ausgehzeiten bald drankommt, erscheint nur logisch. Sachlich eventuell gerechtfertigte Differenzierungen können auch über Verordnungen erfolgen.

Die Formel könnte lauten: Konzentration der Gesetzgebung im Bundesparlament, weitgehende Verlagerung der operativen Aufgaben auf die bürgernahen Ebenen Länder und Gemeinden. Der Bund wäre in diesem Bild eine Art strategische Holding, die Länder wären die operativ agierenden Einheiten. Gleichzeitig sollten die Bundesländer via Landtage und/oder Landesregierungen über einen „Bundesrat neu" an der Bundesgesetzgebung mitwirken, so wie es die Mitglieder der Bundesregierung via Europäischem Rat bei der EU-Gesetzgebung tun. Ansonsten sollten die Landtage Kontrollorgane der Verwaltung und Foren regionaler Anliegen sein, die teilweise über alte Staatsgrenzen hinausgehen und auch Anliegen von Europaregionen formulieren können. Die gegenwärtigen Landesgesetzgebungskompetenzen taugen sicherlich nicht als unverzichtbares und wesentliches Erkennungsmerkmal der föderalen Identität.

Ziele der Staatsreform

Wichtig ist, dass die Diskussion nicht als ein intellektuelles Glasperlenspiel, Sandkastenspiel oder *L'art pour l'art* einer abgehobenen politischen Kaste empfunden wird, sondern bewusst ist, dass die Organisation des Bundesstaates ganz entscheidende Bedeutung für den Bürger hat. Die bisherigen Strukturen fördern Vergeudung von Steuergeldern und Abschiebung von finanzieller Verantwortung. Größere Überschaubarkeit, mehr politische Mitgestaltungsmöglichkeit (also mehr Demokratie für den Bürger), besserer Bürgerservice, bürgernahe Verwaltung, rascherer und effizienterer Verwaltungsablauf und damit zugleich geringere Steuerlast – das muss der Nutzen neuer Strukturen für den Bürger sein. Dafür sind die institutionellen Voraussetzungen zu schaffen, das muss letztlich Inhalt der Staatsreform sein. Es darf keine Diskussion zur wissenschaftlichen, geistigen und politi-

schen Selbstbefriedigung einiger Politfunktionäre und Verfassungsjuristen sein – es sind Win-win-Situationen für alle Beteiligten, insbesondere für die Bürger, zu schaffen.
Bürgernähe, Effizienz, Überschaubarkeit und Mitgestaltbarkeit müssen die entscheidenden Zielsetzungen einer Staatsreform in Österreich sein.

Kapitel 3

Wahlrecht – ein Schlüssel zur Demokratiereform

Die vornehmsten Rechte des Bürgers in der Demokratie sind die freie Meinungsäußerung und die Ausübung des Wahlrechts. Die Ausgestaltung dieses Wahlrechts ist daher eine der zentralen Fragen der Demokratie.

Für den Bürger von entscheidender Bedeutung ist es, das Gefühl zu haben, wirklich mitentscheiden zu können – vor allem darüber, wer ihn im Parlament vertritt und wer die Hauptverantwortung in der Regierung trägt.

Das gegenwärtig gültige Wahlrecht zum Nationalrat erfüllt diese Bedingungen in keiner Weise. Weder kann der Bürger tatsächlich *seinen* Abgeordneten wählen noch kann er die Regierung mitbestimmen.

Es werden ihm von den Parteien gereihte fertige Listen vorgegeben – das sogenannte Vorzugsstimmenrecht bleibt weitestgehend wirkungslos.

In Österreich ist das sogenannte Verhältniswahlrecht, für das es – wie noch gezeigt werden wird – freilich verschiedenste Ausprägungsformen gibt, verfassungsrechtlich normiert. Das heißt vereinfacht ausgedrückt, dass jede Partei gemäß ihrem Wählerstimmenanteil im Parlament vertreten sein muss – im Gegensatz zu einem Mehrheitswahlrecht, das in der Regel die stimmenstärkste Partei begünstigt und klare Parlaments- und Regierungsmehrheiten schafft.

Die unter Bundeskanzler Bruno Kreisky 1970/71 als Geschenk bzw. Gegengeschäft für die Unterstützung seiner SPÖ-Minderheitsregierung durch die damalige Kleinpartei FPÖ eingeführte spezielle Form des Verhältniswahlrechts, durch die bisher bestehende mehrheitsfördernde Komponenten weitestgehend zurückgedrängt wurden, schafft seit über 20 Jahren den Zwang zu quasi pragmatisierten SPÖ/ÖVP-Koalitionen, die sich heute eigentlich nicht mehr Große Koalitionen *(GroKo)* nennen können. Vereinigten SPÖ und ÖVP bei Bildung der *GroKo* 1987 noch 84,4 Prozent der gültigen Stimmen auf sich, waren es 2008 nur mehr 54,2 Prozent (bei einer von 90,5 auf 78,8 Prozent deutlich gesunkenen Wahlbeteiligung).

Gab es in Österreich nach 1945 – abgesehen von der bald vernachlässigbaren Größe der KPÖ in den ersten Jahren nach dem Krieg – bis in die 1980er Jahre ein Zweieinhalb-Parteien-System (nämlich ÖVP und SPÖ als Großparteien und die FPÖ bzw. ihre Vorgängerin VdU und WdU als kleinere dritte Kraft) änderte sich das mit der Parteiwerdung der Grünen und der Übernahme der FPÖ durch Jörg Haider schlagartig. Es bildete sich ein Vier-Parteien-System – und unter Einbeziehung der temporären FP-Abspaltungen LIF (Liberales Forum unter Heide Schmidt) und seit 2005 BZÖ (unter Führung Jörg Haiders bis zu dessen Tod, seit 2009 mit Josef Bucher als Bündnisobmann) – sogar teilweise ein Fünf-Parteien-System heraus. Durch das von Kreisky forcierte extreme Verhältniswahlrecht und die Ausgrenzung der FPÖ vor allem durch die SPÖ, aber zeitweise auch durch die ÖVP – etwa unter Obmann Erhard Busek – ergaben sich daher de facto kaum andere Koalitionsoptionen als die Kooperation von SPÖ und ÖVP. Diese Zusammenarbeitsform bringt einen ständigen Kompromisszwang und wechselseitige Blockaden hervor, wodurch Protest- und Verdrossenheitsphänomene und die entsprechenden

Parteien gestärkt werden. Die SP/VP-Kooperation verwischt Alternativen und Standpunkte, schwächt die Integrationskraft der Volksparteien und die Mitte und fördert extreme und radikale Standpunkte.

Während in eigentlich allen westlichen Demokratien Koalitionen der großen Volksparteien nur für Notzeiten als wünschenswert (so etwa in Großbritannien während des Zweiten Weltkriegs) und ansonsten als Anomalien gelten – sogar in Deutschland gab es sie nur 1966 bis 1969 bzw. 2005 bis 2009 –, waren sie in Österreich vorherrschend: 1945 bis 1966, 1987 bis 2000 und 2007 bis heute, also in 37 von 65 Jahren – was deutlich mehr als die Hälfte der Zeitspanne der Zweiten Republik umfasst.

In Ländern wie Großbritannien und Frankreich, die in Einerwahlkreisen ihre Abgeordneten nach dem Prinzip des Mehrheitswahlrechts wählen, steht nahezu immer am Wahlabend fest, wer die Regierungsverantwortung tragen wird. (Die beiden Systeme unterscheiden sich dadurch, dass bei den Briten die relative Mehrheit der Stimmen im Wahlkreis für das Mandat reicht, während in Frankreich die absolute Stimmenmehrheit und damit oft ein zweiter Wahlgang mit Parteienallianzen erforderlich ist.) Das britische System brachte in den letzten Jahrzehnten nur zweimal – 1974 und 2010 – keine absoluten Mandatsmehrheiten. Dennoch wurde in London 2010 innerhalb von fünf Tagen eine Regierung gebildet – während in Österreich das Gefeilsche schon öfters über 100 Tage dauerte – und es wurde keine *GroKo.* Auch die jetzt in Großbritannien diskutierten Reformvarianten halten an Einerwahlkreisen, allerdings mit Präferenzmöglichkeiten für eine zweite Partei im Wahlkreis, fest. Natürlich werden gegen mehrheitsfördernde Wahlrechte – es gibt weder das Mehrheits- noch das Verhältniswahlrecht, sondern verschiedenste (Misch-)Formen – auch nicht unbeachtliche Einwände vorgebracht – vor allem, dass mittlere und kleinere Parteien benachteiligt werden.

Es existiert kein ideales Wahlrecht und das Wahlrecht ist auch kein Allheilmittel für alle Probleme des jeweiligen politischen Systems. Auch sollten nicht leichtfertig und nur in möglichst breitem Konsens Wahlrechtsreformen angestrebt werden.
Allerdings gibt es Zeitpunkte, an denen Wahlrechtsreformen zur Belebung und Steigerung der Attraktivität eines ermüdeten Systems nahezu zwingend erscheinen. In Österreich scheint ein solcher Zeitpunkt seit Längerem gekommen, um Reformstaus aufzulösen und eine Vitalisierung der Demokratie zu bewirken. Der Chefredakteur der *Presse* Michael Fleischhacker, einer der schärfsten Kritiker des gegenwärtigen Systems, schrieb in seinem Leitartikel vom 11. Jänner 2010: „Eine Änderung des Wahlrechts in Richtung Mehrheitsbildung und Persönlichkeitswahl hätte den größten Reformeffekt. Das würde die Parteien zu einer Revision ihrer Auswahlverfahren zwingen, es würde die strukturelle Lähmung durch Große Koalitionen verhindern, klare Verantwortungszuschreibungen ermöglichen und so den Mut zu wirklichen Reformen unterstützen: Wiedergewählt würde nur, wer überzeugt. Weil es aber bequemer ist, mit dem Geld fremder Leute Meinung und Stimmen zu kaufen, sich in vertrauten Seilschaften hochzuschlängeln und sich im Zweifelsfall auf den Koalitionspartner herauszureden, der das Notwendige verhindert, wird sich auch 2010 in Österreich nichts ändern. Es geht uns einfach noch immer zu gut."
Es gab immer wieder Reformanläufe – meistens in Phasen, in denen das Unbehagen an der „pragmatisierten VP/SP-Zusammenarbeit" besonders groß war. So auch in den 1960er Jahren, als die erste Phase der VP/SP-Koalition zu Ende ging bzw. nicht wieder aufleben sollte. So verdienstvoll die *GroKo* in der Zeit des Wiederaufbaus bis zur Erlangung des Staatsvertrags und damit der vollen staatlichen Souveränität im Jahrzehnt 1945 bis 1955 gewesen sein mag, so lähmend wirkte sie mit zunehmender Dauer: Koalitionsstreit, Blockaden, unsachliche Junktimierungen,

Postenschacher mit Proporz bis in die Portierslogen, permanente Wahlvorverlegungen wegen Handlungsunfähigkeit der Regierung (keine einzige Legislaturperiode zwischen 1953 und 1966 lief regulär aus) beschreiben die damaligen Probleme und klingen heute aktueller denn je.
Sowohl die VP-Querdenker Erhard Busek, Heinrich Neisser und Peter Diem als auch die SP-Vordenker Christian Broda und Leopold Gratz stellten damals Wahlrechtsreformmodelle vor. Allen war als Zielrichtung eine direktere Verbindung von Wähler und Mandatar – vor allem durch Einerwahlkreise – gemein. Aber durch die Kreisky-Wahlrechtsänderung wurden diese Diskussionen zu Beginn der 1970er Jahre obsolet.

Die Ziele einer Wahlrechtsreform sind:

- Stärkere Personalisierung
- Leichtere Mehrheitsbildung
- Repräsentanz der politischen Vielfalt, also auch der kleineren Parteien in den Parlamenten

Diese drei Desiderate sind Anforderungen an eine sinnvolle Wahlrechtsreform.
Was vielen als eine Quadratur des Kreises erscheint, wurde bereits in einem Wahlrechtsreformmodell aus dem Jahr 1997 – in einem Jahr, in dem das Unbehagen an der SP/VP-Zwangskoalition besonders groß war – als reale Möglichkeit skizziert. Der 1969 geborene Grazer Politikwissenschafter Klaus Poier – Schüler des bedeutenden Verfassungs- und Staatsrechtlers Wolfgang Mantl – erarbeitete im Auftrag der Steirischen Volkspartei das Modell eines „minderheitenfreundlichen Mehrheitswahlrechts" und präsentierte es mit Waltraud Klasnic (damals Landeshauptmann – sie wollte bewusst Landeshauptmann und nicht Landeshauptfrau sein – der Steiermark und Landesparteiobfrau der Steirischen Volkspartei), Gerhard Hirschmann (damals VP-Landesrat),

Hermann Schützenhöfer (damals VP-Landtagsklubobmann) und Christopher Drexler (damals Geschäftsführer der VP-Programm-Initiative Modell Steiermark). Das einzige Grundprinzip dieses Modells besteht darin, dass die stimmenstärkste Partei ein Mandat mehr erhält, als für die absolute Mandatsmehrheit erforderlich ist. Damit könnte diese Partei allein – allerdings mit knappster Parlamentsmehrheit – oder mit einem frei gewählten Koalitionspartner regieren. Diese Reformüberlegungen wurden in den Jahren danach weiter ausgefeilt.

Der Coup von Wolfgang Schüssel, gemeinsam mit der damaligen Haider-FPÖ 2000 eine kleine Koalition zu bilden, verdrängte die Frage der Wahlrechtsreform aber aus der öffentlichen Debatte. Aufhorchen jedoch ließ der damalige SP-Oppositionsführer Alfred Gusenbauer, als er 2002 nicht nur für einen Österreich-Konvent, eine Staatsschulden- und Defizit-Bremse in der Verfassung, sondern in einer für die Sozialistische Internationale – also auf internationaler, nicht österreichischer Ebene – erarbeiteten Konzeption auch für ein mehrheitsorientiertes Wahlrecht plädierte:

„Ich als Anwalt der direkten Bürgerinteressen sage, es ist besser, die Bürger entscheiden direkt über eine Regierung als über den Umweg von Parteienverhandlungen. Ich bin überzeugt, es lässt sich parteipolitische Vielfalt kombinieren mit einem System, das zu einer klaren Regierungsbildung und zu einer klaren Mehrheitsfähigkeit führt. Der Punkt ist der: Ich bin der Meinung, dass der einzelne Bürger einen direkten Einfluss darauf bekommen soll, wer ihn regiert. Das ist das Grundprinzip der Demokratie und ich glaube, vor dieser Herausforderung stehen wir in Europa. Eine Möglichkeit, den direkten Einfluss der Bürger auf die Regierung zu erhöhen, ist ein mehrheitsorientiertes Wahlrecht."

Und er setzte hinzu, dass ihn die Kritik an seinem Vorschlag nicht überrasche: „Es gibt ja in Österreich keine gepflegte Diskussionskultur."

Nach der Nationalratswahl im Herbst 2006, deren Ergebnis eine Neuauflage der SP/VP-Koalition erzwang, erlangte die Diskussion über ein Mehrheitswahlrecht in Österreich eine bisher ungewohnte Intensität. Zahlreiche Elder Statesmen Österreichs – wohl geprägt von ihren politischen Erfahrungen mit der Unbeweglichkeit der GroKo – meldeten sich pro Mehrheitswahlrecht zu Wort: Alt-Bundeskanzler Franz Vranitzky genauso wie Alt-Vizekanzler Erhard Busek, Ex-EU-Kommissar Franz Fischler oder Gerd Bacher und Fritz Molden, aber auch so renommierte Politik- oder Rechts-Wissenschafter wie Norbert Leser, Theo Öhlinger, Wolfgang Mantl oder Bernd Schilcher.

Nahezu die gesamte journalistische Elite der Republik – von den Chefredakteuren Helmut Brandstätter *(Kurier),* Michael Fleischhacker *(Die Presse),* Hubert Patterer *(Kleine Zeitung),* Manfred Perterer *(Salzburger Nachrichten)* und Wolfgang Unterhuber *(Wirtschaftsblatt),* bis hin zu den Kommentatoren in nahezu allen Tages- und Wochenzeitungen wie Peter M. Lingens, Hubert Feichtlbauer, Christian Ortner, Alfred Payrleitner oder Andreas Unterberger – forderte eine intensive Wahlrechtsdebatte.

Auch zahlreiche prominente Exponenten der Wirtschaft outeten sich angesichts des Dahintümpelns der SP/VP-Koalition und des Reformstaus für die Einführung eines Mehrheitswahlrechts – unter anderen Claus Raidl, Veit Sorger, Richard Ramsauer, Markus Beyrer, Martin Schlaff, Herbert Stepic, Werner Tessmar-Pfohl oder Günther Voith. Gleichermaßen taten dies namhafte Persönlichkeiten der Zivilgesellschaft wie die Präsidentin der Salzburger Festspiele Helga Rabl-Stadler und ihr Musikchef Markus Hinterhäuser oder der Philosoph Rudolf Burger, der Schauspieler Karlheinz Hackl oder der Kammersänger Heinz Zednik.

Der damalige Landwirtschaftsminister und Leiter der VP-Zukunftsprogramm-Werkstatt „Perspektiven"-Gruppe Josef Pröll äußerte genauso wie eine Reihe führender VP-Funktionäre (u. a. Martin Bartenstein, Johannes Hahn, Karlheinz Kopf, Fritz

Kaltenegger oder Lukas Mandl) Sympathien für ein Mehrheitswahlrecht. Es gibt auch Anhänger eines Mehrheitswahlrechts unter aktiven SP-Politikern – zumindest artikulierten dies SP-Bundesgeschäftsführer Günther Kräuter und EU-Mandatar Jörg Leichtfried.

Nachdem vor allem die Vertreter der Grünen und der FPÖ monierten, dass sie durch ein Mehrheitswahlrecht marginalisiert würden, wurden weitere Varianten zum Poier'schen Modell entwickelt. Ich schlug im November 2006 „50 Prozent der Mandate minus eins" für die stärkste Partei vor, wodurch sich automatisch eine Koalitionsnotwendigkeit ergibt, wenn man von der wackeligen Konstruktion einer Minderheitsregierung ohne parlamentarische Mehrheit absieht. Damit wäre gewährleistet, dass es nicht zur SP/VP-Zwangskoalition kommt, dass aber die stärkste Partei zwischen drei bis vier Koalitionsoptionen wählen kann.

Das Unbehagen an der SP/VP-Koalition verdichtete sich im Frühjahr 2008 derart, dass der angesehene langjährige zweite Nationalratspräsident und Verfassungs- und Politikwissenschafter Heinrich Neisser gemeinsam mit vielen der genannten Elder Statesmen die „Initiative Mehrheitswahlrecht" (seit 2010 mit dem Zusatz „und Demokratiereform") aus der Taufe hob, die sich seither immer wieder mit starken Diskussionsimpulsen zu Wort meldet.

Vor den vorzeitigen Nationalratswahlen 2008 – die SP/VP-Koalition unter Bundeskanzler Alfred Gusenbauer und Vizekanzler Wilhelm Molterer zerbrach bereits nach knapp 18 Monaten – versprachen die Klubobmänner aller Parlamentsparteien eine parlamentarische Wahlrechtsenquete für die Zeit nach der Wahl, um in sachlicher Atmosphäre diese Grundsatzfrage des politischen Systems zu erörtern. Wie so viele andere Wahlversprechungen und Ankündigungen war dies nach der Wahl rasch wieder vergessen, dafür wurde nach den erwartbaren deutlichen Verlusten der Koalitionsparteien mit anderem Personal an der Spitze –

Werner Faymann und Josef Pröll – das erfolglose *GroKo*-Modell prolongiert.
Dass es auch bei dem in Österreich verfassungsrechtlich gebotenen Verhältniswahlrecht mehrheitsfördernde Komponenten geben kann, zeigen die verschiedenen Wahlrechtsausprägungen auf Bundesländer-Ebene. So erhielt die SPÖ in Wien 2001 mit 46,9 Prozent der Stimmen 52 Prozent der Mandate und 2005 mit 49 Prozent der Stimmen 55 Prozent der Mandate. In Vorarlberg 2009 wiederum lukrierte die VP mit 50,8 Prozent der Stimmen 55,55 Prozent der Mandate.
Ähnlich wirkte sich das Nationalratswahlrecht vor der Kreisky-Reform aus: 1966 bekam die Volkspartei mit 48,3 Prozent der Stimmen knapp 52 Prozent der Mandate.

Fehlende Personalisierung

Neben der mangelnden Mehrheitsförderung hat das gültige Nationalratswahlrecht eine weitere gravierende Schwäche:
Bekanntlich besteht bei breiten Wählerschichten der Wunsch, nicht bloß für eine anonyme Parteiliste stimmen zu können, sondern sich konkret für eine Persönlichkeit – also seinen Volksvertreter – zu entscheiden. Der Durchschnittsabgeordnete aber ist das seinem Wähler weitgehend „unbekannte Wesen". Jeder Wahlberechtigte kann zwar in Österreich bei der Nationalratswahl sogar zwei Vorzugsstimmen abgeben, jeweils eine für einen Kandidaten auf der Regionalwahlkreisliste und für einen auf der Landesliste der von ihm gewählten Partei, dennoch wirkt dieses System wie eine schlechte Karikatur eines echten Persönlichkeitswahlrechts.
Das Bundesgebiet ist laut gültiger Nationalratswahlordnung in 43 Regional- und neun Landeswahlkreise aufgeteilt, wobei schon die weitgehend willkürlichen Gebietszusammenfassungen und

Größen der Regionalwahlkreise von 40.000 bis 266.000 Wahlberechtigten einer echten Personalisierung entgegenstehen. Weiters wird die Reihung der Kandidaten von den Parteien vorgegeben und kann nur verändert werden, wenn auf der Landesliste die Wahlzahl – also rund 26.000 – oder im Regionalwahlkreis die Hälfte der Wahlzahl oder ein Sechstel der Stimmen, die dort auf die Partei des Kandidaten insgesamt entfallen, erreicht werden. Trotz dieser Hürden wurden am 28. September 2008 von 4.887.309 gültig Wählenden 1.162.472 Regional- und 160.325 Landesvorzugsstimmen verteilt – meist an den jeweils Erstgereihten, was für dessen Popularität spricht, aber an der vom Parteiapparat erstellten Liste nichts ändert.

So makaber es klingen mag – der Einzige, der aufgrund des Ergebnisses 2008 entgegen der Parteienreihung ein Mandat erhalten hätte können, wäre ein heute Toter gewesen, der überdies vorher klar deklariert hatte, als einfacher Abgeordneter nicht ins Parlament nach Wien zu gehen: Jörg Haider kandidierte im Wahlkreis Klagenfurt auf Platz zwei, erhielt aber 15.836 Vorzugsstimmen und wäre damit auf den Mandatsrang vorgerückt. Die übrigen „Regionalwahlkaiser" waren die ohnehin Erstgereihten Heinz-Christian Strache (FPÖ, 24.301), Josef Muchitsch (SPÖ, 9.998), Wolfgang Schüssel (ÖVP, 9.879), Hermann Schultes (ÖVP, 9.433) und Alexander Van der Bellen (Grüne, 8.627), wobei es – auch das ein Treppenwitz des Wahlrechts – wegen der regionalen Schwäche ihrer Parteien weder für Muchitsch noch für Van der Bellen für ein Regionalmandat reichte. Auf den Landeslisten war der in Niederösterreich bei der VP Erstgereihte Josef Pröll mit 59.583 Vorzugsstimmen der absolute *King* – alle anderen blieben weit unter der Wahlzahl –, es folgten Werner Faymann mit 6.236 und Heinz-Christian Strache mit 6.009 Vorzugsstimmen. Interessant ist, dass VP-Wähler mit Abstand die stärkste Gruppe der Vorzugsstimmenverteiler sind.

Es war in den letzten Jahrzehnten eine absolute Seltenheit, dass durch Vorzugsstimmen tatsächlich andere als die von den Parteien „gesetzten" Kandidaten zum Zug kamen. Das war beim „jungen" Josef Cap (SP) 1983 einmal so, dann bei der VP rund um die Jahrtausendwende je einmal im Burgenland und in Wien, wobei Gerhart Bruckmann dank der Seniorenstimmen Maria Rauch-Kallat überrundete.

Ein wirklich effektives Vorzugsstimmenmodell funktioniert in Südtirol – dort entscheidet tatsächlich der Wähler und nicht die Partei über die Mandatsvergabe. Mit einer einfachen Gesetzesänderung könnte man das in Österreich auch ermöglichen: Die Kandidaten werden nicht mehr von der Partei gereiht, sondern alphabetisch angeführt, und die Mandate werden nach der Zahl der Vorzugsstimmen vergeben. Wenn das zu radikal erscheint, könnte man dieses System nur für die Regionalwahlkreise vorsehen, sodass über die Landeslisten die „Parteinotwendigkeiten" zu ihren Mandaten kommen, oder man könnte einen gewissen Prozentsatz fix bzw. frei vergeben.

In diesem Zusammenhang ist aber auch das deutsche Wahlsystem von Interesse. Dort wird die Hälfte der Mandate in echten Einerwahlkreisen und die andere Hälfte über die Landeslisten vergeben.

Klaus Poier hat eine Aufstellung gemacht, wie sich die vorhin skizzierten Hauptvarianten der vorgeschlagenen Wahlrechtsreform in Österreich auswirken würden:

Ausgewählte Wahlrechtsalternativen und ihre (möglichen) Auswirkungen auf die Mandatsverteilung

	NRW 2008	Mandate dzt.	Rel. MWR (USA, GB)[1]	Minder-h.freundl. MWR[2]	Modell Koalitions-zwang[3]	Modell „Nicht-wähler-prämie“[4]	100 Einer-wahl-kreise[5]	Stimmen-splitting (D)[6]
Wahl-berechtigte	6.333.109							
Nicht-wähler	1.342.157							
Abg. Stimmen	4.990.952							
Ungült. Stimmen	103.643							
Gült. Stimmen	4.887.309							
SPÖ	1.430.206	57	89 (+32)	92 (+35)	91 (+34)	86 (+29)	75 (+22)	57 (+/-0)
ÖVP	1.269.656	51	77 (+26)	37 (–14)	37 (–14)	39 (–12)	65 (+14)	51 (+/–0)
FPÖ	857.029	34	0 (–34)	25 (–9)	25 (–9)	26 (–8)	15 (–19)	34 (+/–)
BZÖ	522.933	21	13 (–8)	15 (–6)	15 (–6)	16 (–5)	17 (–4)	21 (+/–0)
Grüne	509.936	20	4 (–16)	14 (–6)	15 (–5)	16 (–4)	11 (–9)	20 (+/–0)

1) Mandatsverteilung beruht auf einer fiktiven Teilung der derzeitigen Wahlkreise in Einerwahlkreise.
2) Minderheitenfreundlich = Stimmenstärkste Partei erhält die Hälfte plus eins der Mandate, die restlichen Mandate werden proportional verteilt (Modell von Klaus Poier vorgeschlagen).
3) (wie 2) Stimmenstärkste Partei erhält allerdings nur die Hälfte der Mandate MINUS eins (Modell von Herwig Hösele erstmals vorgeschlagen).
4) Stimmenstärkste Partei erhält die Stimmen der Nichtwähler zugeschlagen, Mandate danach proportional verteilt (Modell erstmals von der steirischen Landesrätin Kristina Edlinger-Ploder vorgeschlagen).
5) 100 Einerwahlkreise, die restlichen Mandate werden ohne Ausgleich proportional verteilt; Mandatsverteilung für Einerwahlkreise entsprechend Modell a) eingerechnet.
6) Hälfte der Mandate wird zur Personalisierung in Einerwahlkreisen vergeben, Mandatsergebnis richtet sich jedoch nur nach der Zweitstimme, daher keine Veränderungen.

Vorwahlen

Es geht in Verbindung mit der Wahlrechtsform auch um die Kandidatenfindung durch stärkere Einbeziehung der Wähler: zumindest durch geheime Abstimmung unter den Parteifunktionären, besser noch unter den Parteimitgliedern eines Wahlkreises z. B. in Form von Vorwahlen (Muster: *US primaries),* im großzügigsten Fall unter Teilnahme aller interessierten Wähler an Vorwahlen. Das würde den Einfluss der Parteiführungen auf die späteren Abgeordneten schmälern, gleichzeitig aber den Parteien wertvolle Hinweise auf vom Wahlvolk gewünschte Politikerpersönlichkeiten liefern.

Für das Instrument der Vorwahlen gab es in den 1970er Jahren ausgehend von der Steirischen Volkspartei auch bundesweit spannende Versuche, die von den Parteiführungen wieder abgedreht wurden. Hubert Feichtlbauer hat diverse Optionen für die innerparteiliche Demokratie 1969 in dem bereits zitierten Demokratiereformband aufgezeigt. Am ehesten gibt es Vorwahlen jetzt noch auf Gemeindeebene, auf der auch verfassungsrechtlich in den 1990er Jahren die Möglichkeit der Bürgermeister-Direktwahl eröffnet wurde. Diese wurde derart gut angenommen, dass sie mittlerweile in sechs Bundesländern durchgeführt wird. Nur Niederösterreich und die Steiermark hinken nach – wenn man vom Sonderfall Wien absieht, wo der Bürgermeister gleichzeitig Landeshauptmann ist. Allerdings hat es immer wieder auch eine relativ lebhafte Diskussion um die Einführung einer Landeshauptmann-Direktwahl gegeben.

Schluss mit dem Zwangsproporz in Ländern und Gemeinden?

Für den Reichsrat in der Monarchie wurde übrigens – damals waren allerdings die Frauen noch vom Wahlrecht ausgeschlossen – nach dem Mehrheitswahlrecht in Einerwahlkreisen gewählt. Die junge Republik entschied sich nach 1918 für ein leicht mehrheitsförderndes Verhältniswahlrecht und für – durch die in der Bundes- bzw. in den Landesverfassungen vorgeschriebenen Proportionalbesetzungen der Landesregierungen und der Gemeindevorstände – „Zwangskoalitionen" in allen Gemeinden und in den meisten Bundesländern. Diese stark proportionale Beteiligung aller wichtigen Parteien am politischen Geschehen war damals sicherlich sinnvoll, damit die Integration stark zentrifugaler Kräfte im „Staat, den eigentlich keiner wollte" wenigstens im Ansatz gelingen konnte.

In logischer Fortführung des Gedankens des Verhältniswahlrechts – zumal in der starken Ausprägung wie in Österreich seit 1971 – wäre es auch denkbar, auf Bundesebene die politischen Parteien gemäß ihrer Wählerstärke an der Regierung zu beteiligen. Dies wäre dann angelehnt an das berühmte „Schweizer Modell", wo dies auf Bundesebene aber durch die sogenannte „Zauberformel" (nämlich, dass die stimmenstärksten Parteien alle mit Vertretern im siebenköpfigen Bundesrat – wie sich die eidgenössische Bundesregierung nennt – repräsentiert sind) auf freiwilliger Basis – und nicht verfassungsmäßig vorgeschrieben – erfolgt. Seitens Landeshauptmann Josef Krainer II. und Bernd Schilcher wurde unter Mitwirkung angesehener Wissenschafter wie Norbert Leser, Wolfgang Mantl oder Manfried Welan Mitte der 1980er Jahre diese Diskussion auch intensiv geführt.

Dies ist ein konkordanzdemokratischer Ansatz. Mit dem Erstarken der Haider-FPÖ und von Protestbewegungen erfolgte dann der Pendelschlag hin zur Abschaffung der „Proporzregierungen" auf Landesebene. In Salzburg und Tirol wurden die Landesverfassungen entsprechend geändert, was in nahezu allen Bundesländern immer wieder zur Debatte gestellt wird. Ironischerweise wurden trotz Abschaffung des Regierungsproporzes – womit FP- bzw. Grün-Regierungsmitglieder in Salzburg und Tirol vor die Tür gesetzt wurden – in diesen beiden Bundesländern wieder VP/SP-Koalitionen gebildet. Ein starkes Indiz dafür, dass eine Proporzabschaffung ohne Wahlrechtsänderung nur eine halbherzige Angelegenheit ist.

Ein „Superwahlsonntag"?

Der Theorie nach sollten Wahlkämpfe Hochämter der Demokratie sein – ein edler Wettstreit um die besseren Ideen und Personen. In der Praxis degenerieren sie meist – wie der wahlkampfgestählte Wiener Bürgermeister Michael Häupl einmal wohl auch aus Selbstbeobachtung feststellte – zu Zeiten „fokussierter Unintelligenz". Es wird vor Wahlen versucht, unangenehme Notwendigkeiten und Reformen aufzuschieben. Und gewählt wird meistens irgendwo – daher werden notwendige Reformen auch immer weiter aufgeschoben.

Um dem Dilemma der Dauerwahlkämpfe zu entkommen, wird immer wieder vorgeschlagen, die neun Landtagswahlen auf einen Termin – etwa in der Mitte der Legislaturperiode des Nationalrates – zu konzentrieren. Diese Idee ist gut gemeint, aber ob sie tatsächlich gut ist, muss hinterfragt werden.

In den USA gibt es eine ähnliche Form dieser Zwischenwahlen alle zwei Jahre. Diese werden von Bundesthemen beherrscht und die Parteien des jeweiligen Präsidenten sehen ihnen mit berechtigter Besorgnis entgegen. Eine erfolgreiche Landespolitik läuft bei vereinheitlichten Halbzeitterminen Gefahr, für die Bundespolitik büßen zu müssen.

Zielführender scheint die Zusammenlegung von Nationalrats-, Landtags-, Bürgermeister- und Gemeinderatswahlen auf einen „Superwahlsonntag" zu sein. Der mündige Wähler könnte dann zwischen den einzelnen Ebenen differenzieren und verschiedenen Parteien und Personen seine Stimme geben. Dass dies funktionieren kann, zeigen die Ergebnisse von zugleich abgehaltenen Landtags-, Gemeinderats- und Bürgermeisterwahlen 2008 und 2009 in Salzburg, Oberösterreich und Kärnten. Sogar bei den am selben Tag abgehaltenen Landtags- und Nationalratswahlen 1995 in der Steiermark schnitt die Krainer-Landes-VP mit 36,3 Prozent gegenüber 29,7 Prozent für die Schüssel-Bundes-VP deutlich besser ab.
Daher erscheint eine vier- bis fünfjährige wahlfreie politische Arbeitsperiode wünschenswert – verbunden mit einem Ausbau der Bürgerpartizipation, also etwa einem Volksbefragungstag, aber auch mit dazwischen stattfindenden EU-Wahlen, die ebenfalls eine ernsthafte Befassung mit diesem Zentralthema der Politik mit sich brächten.

Kleinere Parlamente und Regierungen?

Im Zuge der Reformdiskussionen werden immer wieder auch Verkleinerungen der Regierungen und der gesetzgebenden Körperschaften vorgeschlagen. Gegenwärtig haben wir 183 Nationalratsabgeordnete, 62 Mitglieder des Bundesrates, 36 (Burgenland, Kärnten, Salzburg, Tirol, Vorarlberg) bzw. 56 (Steiermark, Oberösterreich, Niederösterreich) oder 100 (Wien) Abgeordnete in den Landtagen. Das scheint eine durchaus vertretbare Relation zu sein, wenn die Parlamentarier ihren Aufgaben als Volksvertreter, Mediatoren, Dolmetscher, Ombudsleute der Regionen und Sachpolitiker wirklich nachkommen. Eine Verringerung der Anzahl der Mandatare trifft naturgemäß kleinere Parteien stärker als größere. Dennoch wäre symbolisch sowohl eine Verkleinerung bzw. Vergrößerung der Gremien (etwa im Nationalrat auf 150 oder 200 – davon je 75 bzw. 100 Direkt- und Listenmandatare) durchaus gerechtfertigt. Wenn für Landesregierungen, Stadtregierungen und Gemeindevorstände der Proporz abgeschafft wird, ist dort eine Verkleinerung sicherlich angebracht.

Briefwahl und E-Voting

Lange hat es gedauert, bis in Österreich bei Nationalrats-, Landtags- und Gemeinderatswahlen die Möglichkeit der Briefwahl eröffnet wurde. 2008 war dies bundesweit erstmals generell möglich, für die Auslandsösterreicher wurde schon in den 1980er und 1990er Jahren ein – zunächst allerdings sehr komplizierter – Briefwahlmodus geschaffen. Vor allem mit dem Argument, das geheime Wahlrecht sei gefährdet, wehrte sich die SPÖ lange dagegen (bei der SPÖ-dominierten Arbeiterkammerwahl, wo die Briefwahl genauso wie bei der Wirtschaftskammerwahl eingeführt wurde – in erster Linie um die miserable Wahlbeteiligung zu steigern – war das allerdings kein Thema).

Der Nichtwähler – das unbekannte Wesen

Die Briefwahl wird oft als probates Mittel gegen sinkende Wahlbeteiligungen gesehen. Das ist allerdings zu kurzschlüssig gedacht. Natürlich erleichtert die Briefwahl die Ausübung des Wahlrechts, entscheidend ist aber, dass der Wähler das Gefühl haben muss, dass es „um etwas geht“ und dass es sich aufgrund attraktiver politischer und personeller Konzepte und Alternativen auszahlt, zur Wahlurne zu schreiten. Wenn das Wahlergebnis vermeintlich ohnehin schon feststeht, wie etwa bei der Bundespräsidentenwahl 2010, dann wird die Beteiligung gering sein. Generell ist ein Rückgang der Wahlbeteiligungen seit 1945 zu registrieren: von fast 100 Prozent auf nunmehr knapp 80 Prozent bei Nationalratswahlen. Die Abschaffung der Wahlpflicht hat ein Übriges getan. Bei manchen Landtagswahlen (Tirol 2003: 60,9 Prozent) und Gemeinderatswahlen in Städten (Wien 2005: 60,8 Prozent; Innsbruck 2006: 57,8 Prozent; Graz 2008: 57,9 Prozent; Salzburg 2009: 57,1 Prozent), aber auch bei den EU-Wahlen (2004: 42,43 Prozent, 2009: 46,0 Prozent) sind die Beteiligungen tatsächlich in alarmierende Tiefen gesunken. Dennoch sind sinkende Wahlbeteiligungen kein unaufhaltsamer Trend: Als z. B. 2002 mit der Wahlauseinandersetzung Wolfgang Schüssel samt VP/FP-Koalition gegen die Gusenbauer-SPÖ eine Richtungsentscheidung anstand, stieg die Wahlbeteiligung gegenüber 1999 um 3,9 auf 84,3 Prozent.

Für Wahlbeteiligungen gilt die Faustregel: je überschaubarer, umso höher (also vor allem in kleineren Gemeinden). Und: Je spannender die Alternativen sind, desto stärker ist die Beteiligung. Mehr noch aber als der Wähler ist der Nichtwähler das unbekannte Wesen.

Das Motivationsbündel der Nichtwähler ist vielfältig und nicht monokausal erklärbar: Es kann Zufriedenheit mit den Verhältnissen genauso signalisieren wie Gleichgültigkeit gegenüber der Demokratie, gefährliche „Emigration aus dem demokratischen System“ oder Protest gegenüber einer oder mehreren Parteien. Bevor sich ehemalige Stammwähler für eine andere als die vormals eigene Partei entscheiden, gehen sie oft als Nichtwähler in den Wartesaal. Mobilisierungsfähigkeit und Attraktivität der Parteien sind daher immer gefragt.

Die Wahlrechts-Diskussion muss auch in dieser Hinsicht – vor allem im Blick auf neue elektronische Möglichkeiten – weitergehen. Das E-Voting wird sicherlich über kurz oder lang ein Thema sein. (Diese Möglichkeiten gibt es z. B. in Estland, aber etwa auch bei Zürcher Kantonalwahlen, und werden gut angenommen. Das E-Voting-Modell bei den österreichischen Hochschülerschaftswahlen 2009 war dagegen viel zu kompliziert). Und bei der Briefwahl sollte ein Pferdefuß beseitigt werden: Es ist ein äußerst unbefriedigender Zustand, dass durch das spezifisch österreichische Modell der Briefwahl am Wahlabend das endgültige Wahlergebnis nicht feststeht und dass de facto noch Tage nach Bekanntgabe des vorläufigen Wahlergebnisses gewählt werden kann. Bei Landtags- und Nationalratswahlen, bei denen schon kleine Verschiebungen neue Koalitionsoptionen eröffnen und Parteienverhandlungen verzögern, sollten künftig also nur Briefwahlkarten ausgezählt werden, die bis zum Wahltag eingegangen sind (so wie etwa in Deutschland).

Direkte Demokratie – Widerlager zur Parteiendominanz

In den 1980er Jahren kam es im Zuge der Diskussionen um das Schweizer Modell auch zu vielerlei Initiativen zur Stärkung der direkten und partizipativen Demokratie. Auch die Bürgerinitiativen und die Umweltbewegung trugen wesentlich dazu bei – schließlich hatte es 1978 die bis dahin erste Volksabstimmung über die Inbetriebnahme des AKW Zwentendorf gegeben, die mit einem knappen Nein ausging. Auf Bundesebene unterscheidet man im Wesentlichen drei Elemente der direkten Demokratie:

- Die Volksabstimmung über ein vom Nationalrat beschlossenes Gesetz, deren Ergebnis bindend ist (es gab bisher deren zwei, 1978 über Zwentendorf und 1994 über den EU-Beitritt).
- Die Volksbefragung zur Erforschung der Meinung der Bevölkerung zu einem wichtigen Thema, was bisher noch nie erfolgte (ein einfach überschaubares Thema wie „Nichtrauchen in Gaststätten“ böte sich an).

- Das Volksbegehren, das mit einer Unterstützung von 100.000 Stimmen im Parlament behandelt werden muss. In vielen Bundesländern wurden Instrumente der direkten Demokratie für Landes- und Gemeinde-Ebene eingeführt, die allerdings weitgehend ungenutzt und „totes Recht" blieben – von Bürgerbeteiligungsverfahren etwa bei Straßenbauten oder Umweltverträglichkeitsprüfungen bei Großprojekten abgesehen.

2010 besann man sich in Wien und im Burgenland der Option von Volksbefragungen. Sie wurden allerdings vom jeweiligen Landeshauptmann bzw. Bürgermeister für eine Vorwahlkampagne für parteipolitische Zwecke missbraucht. Dabei sollte die direkte Demokratie ein Korrektiv und Instrument der *civil society* gegenüber dem Parteienstaat sein und die politischen Eliten herausfordern, bei wichtigen Sachverhalten die Mühsal auf sich zu nehmen, gut zu informieren, in einen echten Dialog mit dem Bürger zu treten und Standpunkte offensiv zu vertreten. Die Volksabstimmung über den EU-Beitritt Österreichs 1994, die mit einer 66,6-prozentigen Zustimmung endete, sowie das erste Volksbegehren der österreichischen Geschichte, das Rundfunkvolksbegehren 1964, sind positive Beispiele dafür. Unabhängige Zeitungen mobilisierten damals den Bürgerunmut gegen die Auswüchse der damaligen *GroKo* und setzten den Bacher-ORF durch.

Insgesamt ist aber der Umgang mit Volksbegehren durch das politische Establishment ein Trauerspiel. Sie wurden 40 Jahre hindurch vom Parlament weitgehend ignoriert.

Seit 1964 gab es 32 ausreichend unterstützte Volksbegehren – lediglich den Intentionen der drei ersten aus den 1960er Jahren (ORF, 40-Stunden-Woche, Abschaffung der 13. Schulstufe) wurde vom Parlament entsprochen, alle anderen wurden mehr oder minder schubladisiert, obwohl acht von ihnen von mehr als zehn Prozent, vier von mehr als 15 Prozent und zwei sogar von mehr als 20 Prozent (über 1 Million Wahlberechtigte) unterstützt wurden. Eine solche Missachtung bleibt völlig sanktionslos. Es ist jedenfalls – bei Missachtung der Volksbegehrens-Intention – eine Rückkoppelung mit Proponenten bzw. den Bürgern zu überlegen. Überdies ist die Unterstützung von Volksbegehren zu erleichtern. Da es bei Volksbegehren nicht die Problemstellung des geheimen Stimmrechts gibt, sind hier auch die modernen elektronischen Möglichkeiten noch leichter einzubeziehen. Das Internet ermöglicht ohnehin viele neue Partizipationsformen.

Zum Thema Volksbegehren hat der langjährige Herausgeber des *Kurier* Peter Rabl am 19. März 2006 in einem Leitartikel Sätze gefunden, die von mir vollinhaltlich unterstützt werden:

„Daher drängt sich die Alternative auf, Volksbegehren zu einem wirkungsvollen und repräsentativen Instrument mit entsprechenden Sicherungen umzubauen. Dazu muss man nur an ein paar gesetzlichen Rädern drehen …

- Erreicht ein Volksbegehren 20 Prozent Beteiligung, also rund eine Million Unterzeichner, sollte automatisch eine Volksabstimmung darüber folgen.
- Für die tatsächliche Umsetzung der Forderung des Begehrens sollte in dieser Volksabstimmung eine Zustimmung von mehr als 50 Prozent der Wahlberechtigten und nicht bloß der Teilnehmer an der Abstimmung gefordert werden.

So könnte das Volksbegehren tatsächlich zu einem relevanten Mittel im demokratischen Entscheidungsprozess werden. Gleichzeitig wären insgesamt die Hürden hoch genug, um irgendwelchen Minderheitsmeinungen die Chance auf Zufallsmehrheiten zu verbauen.“

Ähnlich argumentiert Peter Filzmaier, einer der Shooting-Stars der jüngeren österreichischen Politikwissenschaft, der diese Elemente der direkten Demokratie, aber auch eine Personalisierung des Wahlrechts für wichtige Mittel zur Belebung des politischen Systems hält.

Der *Lissabon-Vertrag* sieht nun erstmals die Möglichkeit der „Europäischen Initiative“ vor. Wenn eine Million Bürger aus mehreren

EU-Staaten dieser beitreten, müssen sich die europäischen Gremien damit befassen. Die Forderung nach einer europäischen Finanztransaktionsabgabe wäre, wenn sich die EU nicht selbst dazu rasch durchringen könnte, für eine solche NGO-Initiative überlegenswert. Diesen Gedanken habe ich in einem *Format*-Kommentar vom Februar 2010 geäußert. Dass der SPÖ-Parteivorsitzende Werner Faymann im Mai 2010 einen ähnlichen Vorschlag machte, zeigt die Gefahr, dass die direkte Demokratie auch europaweit für parteipolitische Zwecke instrumentalisiert werden kann. Kluger und verantwortungsbewusster Einsatz und Ausbau der direkten Demokratie führen nicht zu Blockade und Verhinderung, sondern können zu einer Vitalisierung des demokratischen Diskurses führen. Beim demokratischen Engagement im Allgemeinen sowie bei partiziptiver Demokratie im Besonderen geht es natürlich immer um die schwierige Balance von Particularinteresse und Gemeinwohl, von Berücksichtigung berechtigter Minderheiteninteresse und Mehrheitsentscheidung, von Mut zur Entscheidung und Lähmung der Handlungsfähigkeit.
Seitens der *Initiative Mehrheitswahlrecht und Demokratiereform* wird auch überlegt, ein Volksbegehren zu Wahlrechts- und Demokratiefragen zu initiieren, um Druck für die notwendigen Systemreformen zu erzeugen. Weitgehender Konsens besteht auch darüber, dass eine Wahlrechts- und Demokratiereform größeren Ausmaßes einer Legitimation durch eine Volksabstimmung bedarf.

Kapitel 4

Die Erosion der Institutionen und Kammern

Nicht nur die Wahlbeteiligungen sinken, in besonders starkem Ausmaß sind die Beteiligung und Mitgliedschaft in Parteien, Kammern und Verbänden rückläufig. Auch Institutionen, die jahrzehntelang Ehrfurcht gebietende Autorität ausstrahlten – ob das Amt des Bundespräsidenten oder andere Spitzenfunktionen der Republik oder die Justiz –, sind ins Gerede gekommen.

Es ist ein Erosionsprozess von Institutionen und traditionellen Großorganisationen zu erkennen, der vor den christlichen Kirchen genauso wenig Halt macht wie vor den Gewerkschaften.

Österreich wurde nach 1945 als der parteipolitisch und gewerkschaftlich höchstorganisierte Staat außerhalb des kommunistischen Ostblocks angesehen – SPÖ, ÖVP und ÖGB galten als Job- und Wohnungsvermittlungsagenturen, aber auch als allgegenwärtige nahezu unentrinnbare Bürgerservice-Einrichtungen, die von der Wiege bis zur Bahre, also von der Kinderbetreuung über die Erholungs- und Ferienaufenthalte bis zur Altenpflege de facto alles anboten. Auch wenn die Mitgliederverluste markant sind, unternehmen die Parteien weiterhin alles, um ihren Einfluss bei Postenbesetzungen vor allem im öffentlichen Bereich – vom ORF über ÖBB und Verbund bis in die Verwaltungen – zu wahren.

An die Stelle der Parteimitgliedschaft und -aktivität trat seit den 1970er Jahren zunehmend das Engagement in Bürgerinitiativen und NGOs – vom Tierschutz über den Umweltschutz bis hin zu den Menschenrechten. Im religiösen Bereich erlebten fernöstliche Meditationsbewegungen genauso regen Zulauf wie teilweise extrem fragwürdige Sekten.
Die Haltung des Bürgers zu Parteien und traditionellen Institutionen ist durchaus ambivalent. Einerseits wird oft sehr pauschal kritisiert, andererseits werden die gefühlten Benefits von Partei- und Kammermitgliedschaften und das vielzitierte Vitamin B gern in Anspruch genommen. Bei subjektiven Wünschen wird der allseits begrüßte Gedanke der Objektivität durchaus ausgeschaltet.

Kammern: Pflichtmitgliedschaft im Visier

Der Kammerstaat wurde in den 1980er Jahren von einer tiefgreifenden Sinn- und Legitimationskrise erfasst. Insbesondere Jörg Haider deckte vermeintliche und echte „Bonzenprivilegien" speziell in den Arbeiterkammern auf. Die Pflichtmitgliedschaft bei den Kammern wurde radikal in Frage gestellt, die berufliche Selbstverwaltung als „Selbstbedienung" einer abgehobenen Funktionärsschicht angeprangert. Es kam zu Urabstimmungen und Reformen, die den Kammern temporär wieder mehr Legitimation verschafften. Die Wirtschaftskammer senkte sogar ihre Pflichtmitgliedsbeiträge deutlich. Vor wenigen Jahren gelang den Spitzenkämmerern in ihrer Lobbying-Arbeit sogar das, was den Landeshauptleuten bis heute versagt geblieben ist, Gemeinde- und Städtebund aber schon geschafft haben: ihre Verankerung in der Bundesverfassung – was von vielen als falsches Signal verstanden wurde, nämlich als die Petrifizierung von überkommenen Strukturen. Denn die Sozialpartner und ihre Kammer gelten mit ihrer effizienten Form der Einflussnahme auf die Politik zur

Wahrung der eigenen Klientel-Interessen oft ja als besonders erfolgreiche „Reformverhinderer". Strukturkonservativismus – eigentlich im schroffen Gegensatz zum Wertekonservativismus – sowie Besitzstandsdenken sind ohnehin die größten Hemmschuhe für notwendige Reformprozesse.

Die Beteiligung an den Kammerwahlen hat im ersten Jahrzehnt des 21. Jahrhunderts weiter ab-, die Kritik am Kammerstaat hingegen wieder zugenommen. Kammer- und Gewerkschaftspräsidenten – also die Gesichter ihrer Institutionen – können nicht direkt über Urwahlen, sondern nur über einen komplizierten indirekten Wahlmechanismus ermittelt werden.

Die Sozialpartner, zu denen neben Arbeiter-, Bauern- und Wirtschaftskammer auch der ÖGB und eigentlich auch die Industriellenvereinigung zählen, bilden die Lebensrealität der österreichischen Gesellschaft nur mehr unzureichend ab. Klassen- und Standeszuordnungen treffen immer weniger zu. Es gibt viele „neue Selbstständige", und auch die in prekären Beschäftigungsverhältnissen Tätigen oder die Spitzenmanager am anderen Ende der Einkommenspyramide können nicht so einfach dem Überbegriff Arbeitnehmer oder Unternehmer zugeordnet werden. Andererseits hat auch ein traditioneller Arbeitgeber oder Arbeitnehmer noch andere – oft diametral entgegengesetzte – Interessen als jene, die *seine* Kammer vertritt. Er ist zum Beispiel auch Konsument, von einem Bauprojekt betroffener Bürgerinitiator, Umwelt- oder Naturschützer.

Ein spezifisches Problem ergibt sich aus der Doppelgleisigkeit von Arbeiterkammer und Gewerkschaft, bei der oft nicht einsichtig ist, welche der beiden Institutionen welche Aufgabe wahrnimmt. Gewiss ist aber, dass die Einnahmen der Arbeiterkammer aus den Pflichtbeiträgen aller unselbstständig Beschäftigten aufgrund der Lohnsummenautomatik steigen.

Auf der anderen Seite verfügen die Sozialpartner über zahlreiche hochkompetente und spezialisierte Fachleute und *think tanks,* die der österreichischen Politik an sich schmerzhaft abgehen. Schlanke und schlagkräftige Sozialpartnerstrukturen sollte es daher auch künftig geben – ergänzt eventuell um andere Gruppen der Zivilgesellschaft.

Nachhaltigkeit und Langfristigkeit sind ohnehin etwas, woran es Österreichs Politik wirklich mangelt. Das Denken in Wahlterminen ist für eine kontinuierliche und konsistente Politik schädlich. Hier sind Sozialpartner-Denkwerkstätten und Konzepte sehr hilfreich. Die notwendige Reflexion über längerfristige Trends und Alternativen sollte aber nicht hauptsächlich bei den Sozialpartnern angesiedelt sein. Der Banker Wilfried Stadler hat angeregt, solche Beiräte, Enquete-Kommissionen, also „Oasen der Nachdenklichkeit" oder „Tankstellen für Zukunftsideen", im Parlament zu beheimaten – ein prinzipiell richtiger Gedanke, wenn man das Parlament als Ort des gesellschaftspolitischen Diskurses in der Demokratie wieder ins Zentrum rücken will. Immer wieder wird auch der Gedanke geäußert, dass solche langfristigen Ideen unter der Schirmherrschaft des Bundespräsidenten diskutiert werden sollen.

Das Amt des Bundespräsidenten in Diskussion

Allerdings leidet auch das Amt des Bundespräsidenten unter Erosionserscheinungen.

Erstmals in der Geschichte der österreichischen Demokratie erhielten bei den Bundespräsidentenwahlen am 25. April 2010 die drei Bewerber Heinz Fischer, Rudolf Gehring und Barbara Rosenkranz weniger als die Hälfte der Stimmen der Wahlberechtigten, das heißt, mehr als 50 Prozent der Österreicher wählten entweder nicht oder ungültig. Die Ungültig- und Nichtwähler wurden bei der Bundespräsidentenwahl 2010 zur stärksten politischen Gruppe – ein beunruhigendes Phänomen, das regelmäßig bei den österreichischen EU-Wahlen, Kammerwahlen oder Gemeinderatswahlen in größeren Städten wie Wien oder Graz auftritt und das erstmals auch bei den Nationalratswahlen 2008 registriert werden musste.

Das Beteiligungsdesaster bei der Bundespräsidentenwahl 2010 allerdings war voraussehbar, aber die Beschädigung des Amtes wurde von den Parlamentsparteien, die das hätten verhindern können, sehenden Auges in Kauf genommen.

Denn alle Erfahrungen mit der Volkswahl des Bundespräsidenten zeigen, dass ein Amtsinhaber, der wieder kandidiert, „unschlagbar" ist: Staatsvertragskanzler Julius Raab unterlag Adolf Schärf 1963; genauso erging es dem späteren Bundespräsidenten Kurt Waldheim gegen Amtsinhaber Franz Jonas 1971. Dies führte dazu, dass bei den Wiederkandidaturen von Rudolf Kirchschläger 1980 und Thomas Klestil 1998 die jeweils andere Großpartei – also zuerst die ÖVP und dann die SPÖ – auf einen eigenen Kandidaten verzichtete. Nur lag damals die Wahlbeteiligung – durch die noch bestehende Wahlpflicht – höher als heute. Es ist auch widersinnig, dass ein amtierendes Staatsoberhaupt, das überparteilich agieren soll, nach sechs Jahren „unparteiischer" Amtsführung einen parteipolitischen Wahlkampf führt.

Spätestens nach Bekanntgabe der Wiederkandidatur Heinz Fischers im Herbst 2009 hätten im Parlament die verfassungsrechtlichen Voraussetzungen für eine Änderung des Wahlmodus geschaffen werden müssen.

Es wurde bereits mehrfach zur Diskussion gestellt, dass die Wiederwahl des Bundespräsidenten mit Zweidrittelmehrheit in die ansonsten ohnehin funktionslose Bundesversammlung verlegt werden könne. Dann hätten – im gegenwärtigen Fall – SPÖ und ÖVP gemeinsam Heinz Fischer verlängern müssen, eventuell mit Zustimmung etwa der Grünen. Würde die Zweidrittelmehrheit verfehlt werden, käme es zur Volkswahl.

Ein anderer Vorschlag zielt darauf ab, dass der Bundespräsident nur eine Funktionsperiode amtieren darf, aber dann vielleicht gleich acht Jahre. Verfassungsrechtler Theo Öhlinger hat darauf hingewiesen, dass eine achtjährige Periode wohl ein weltweites Demokratie-Unikat wäre. Die längste Funktionsdauer hatte in den westlichen Demokratien der französische Staatspräsident mit sieben Jahren – und auch das wurde jetzt auf fünf Jahre verkürzt. Sechs Jahre – wie in Österreich – scheinen lang genug.
Von einer Zeitung wiederum wurde die ungewöhnliche Idee geboren, dass alle Parlamentsparteien gezwungen werden sollen, einen Kandidaten aufzustellen. Das scheint nicht logisch, weil ja möglicherweise gute Gründe dafür sprechen, nicht zu kandidieren oder jemanden von einer anderen Partei zu unterstützen.
Generell wäre aber angesichts der Kompetenzarmut des Bundespräsidenten versus Parlament bzw. Bundesregierung auch zu fragen, ob die Volkswahl überhaupt sinnvoll ist. Thomas Klestil konnte nicht einmal die von ihm ungeliebte schwarz-blaue Koalition Wolfgang Schüssels verhindern.
Denn die Ernennung des Bundeskanzlers und der Bundesregierung gilt als das wichtigste Recht des Bundespräsidenten – wenn aber andere Parteiführer als der vom Bundespräsidenten gewünschte Kandidat über eine Mehrheit im Parlament verfügen, kann dieser – siehe 2000 – jenen die Angelobung generell nicht verwehren, sondern bestenfalls den einen oder anderen Ministerkandidaten blockieren. Entscheidend für die Bundesregierung ist also nicht das Vertrauen des Bundespräsidenten, sondern das der Parlamentsmehrheit. Eine vom Bundespräsidenten ernannte Regierung, die dort über keine Mehrheit verfügt, könnte jederzeit durch ein Misstrauensvotum gestürzt werden.
Hat der Bundespräsident erst einmal eine Regierung ernannt, kann er auch einzelne Minister nicht mehr abberufen, sondern nur das gesamte Team inklusive Bundeskanzler. Und eigenständig kann er eigentlich überhaupt keine Rechtsakte setzen, sondern

es bedarf immer eines Vorschlages der Bundesregierung. Was die Repräsentation nach außen angeht, ist der Bundespräsident seit dem EU-Beitritt Österreichs ebenfalls weit weniger wichtig geworden: Bei den EU-Räten vertritt der Bundeskanzler und nicht der Bundespräsident Österreich – im Gegensatz etwa zu Frankreich.

Sollte es zu einer angestrebten Änderung des Wahlrechts in Richtung leichterer Mehrheitsbildung kommen, wird die Rolle des Bundespräsidenten als Mitentscheidungsfaktor bei der Regierungsbildung ohnehin obsolet.

Es zeigt sich: Die mit großer Machtfülle ausgestatteten Präsidenten der USA und Frankreichs werden vom Volk gewählt, solche, die hauptsächlich durch ihre Grundsatzreden und ihr Repräsentieren wirken sollen, von den Parlamenten.

Deutschland hat dabei so beachtliche Staatsoberhäupter wie Richard von Weizsäcker, Theodor Heuss, Johannes Rau oder Roman Herzog hervorgebracht. Auch in der *Kelsen-Verfassung* von 1920 war nicht die Wahl durch das Volk, sondern die durch die Bundesversammlung vorgesehen. Erst 1929 kam es – wohl unter dem Eindruck des europaweiten Rufs nach dem starken Mann in der Zwischenkriegszeit – zur heutigen Verfassungslage, die allerdings bis 1951 totes Recht blieb, weil die Bundespräsidenten bis dahin weiter von der Bundesversammlung gewählt wurden. Dies war nicht nur in der Ersten Republik bis 1934 bzw. 1938 so, auch der erste Bundespräsident der Zweiten Republik – der Republiksmitbegründer Karl Renner – wurde so bestimmt.

Die Sozialdemokratie wollte 1920 überhaupt keinen Bundespräsidenten. Seine Aufgabe hätte ihrer Meinung nach der Nationalratspräsident wahrnehmen sollen. Die Sozialdemokraten hielten sich – wie ihr Hauptredner in der damaligen Verfassungsdebatte Robert Danneberg betonte – zugute, „zäsaristische Experimente“ mittels einer Volkswahl verhindert zu haben. Danneberg weiter: „Wir haben ihn für überflüssig gehalten. (…) Allzu viel wird er nicht zu tun haben, und ein allzu interessantes Amt wird es (...) auch nicht sein. Vielleicht wird sich jemand finden, der dieses Amt, das die Verfassung da schafft, auch wirklich wird übernehmen wollen."

Ironischerweise waren die ersten vier vom Volk gewählten Präsidenten – Theodor Körner (1951–1957), Adolf Schärf (1957–1965), Franz Jonas (1965–1974) und Rudolf Kirchschläger (1974–1986) – sozialdemokratische Kandidaten. Nach einer IMAS-Umfrage von 2009 halten 72 Prozent die Einflussmöglichkeiten des Bundespräsidenten aber ohnehin für klein – eine realistischere Einschätzung als 1992, damals waren es erst 53 Prozent.

Obwohl der Bundeskanzler in Österreich realpolitisch wesentlich mächtiger ist als der Bundespräsident, ist Letzterer der einzige mit direkter Volkswahl legitimierte Amtsträger auf Bundesebene. Es stellt sich daher die Frage, ob die Wahl des Bundespräsidenten wiederum auf die Ebene der Bundesversammlung verlegt werden sollte, wobei es entweder eine Beschränkung auf eine Amtsperiode oder eine Zweidrittel-Erfordernis bei der Wiederwahl geben sollte – das Gezerre um die Wiederwahl des deutschen Bundespräsidenten Horst Köhler 2009 ist noch in unschöner Erinnerung. Die SPD stellte gegen den damals populären und in seiner Amtsführung weithin gelobten Köhler zwar eine Kandidatin auf, aber nur um einen Probegalopp für die später folgende Bundestagswahl zu haben. Bei einer Zweidrittel-Erfordernis hätte die SPD wohl darauf verzichtet, denn in Deutschland entscheidet die Bundesversammlung mit einfacher Mehrheit – Köhler selbst war ein Befürworter der Volkswahl. Die Auseinandersetzungen um die Wahl seines Nachfolgers Christian Wulff – gegen Joachim Gauck, der in Umfragen wesentlich größere Zustimmung fand – könnten wiederum auch ein Argument für die Volkswahl sein.

Es gibt aber auch radikalere Vorschläge: Jörg Haider schlug in den 1990er Jahren die Direktwahl des Bundeskanzlers durch das

Volk vor – eine Idee, die 2010 BZÖ-Obmann Josef Bucher mit der Zusammenlegung der Funktionen von Kanzler und Präsident verknüpfte und erneut propagierte.

Wenn man die Rolle des Bundespräsidenten als Staatsnotar und Repräsentant im Vordergrund sehen will, könnte man auch an ein Rotationsprinzip nach Schweizer Vorbild denken. Dort übt jeweils ein Mitglied der Bundesregierung diese Funktion für ein Jahr aus – in Österreich könnte es etwa auch eine Rotation unter den Landeshauptleuten geben.

Und noch eine Kleinigkeit im Zusammenhang mit der Bundespräsidentenwahl: Der Ausschluss der Habsburger vom passiven Wahlrecht für das Amt des Bundespräsidenten ist im Gegensatz zum Verbotsgesetz (bezüglich NS-Wiederbetätigung) ein Anachronismus, über den die Geschichte hinweggegangen ist. War die Beschwörung der Restauration in der Ersten Republik noch ein Thema, so ist das im 21. Jahrhundert wohl wirklich nur mehr ein „eingefrorener ideologischer Posthornton".

Unterschiedliche Regeln für Staatsspitzen

Im Zusammenhang mit der Wiederwahl des Bundespräsidenten und mit sehr umstrittenen Äußerungen des dritten Nationalratspräsidenten Martin Graf (FPÖ) flammte 2009 und 2010 die Diskussion über Funktionsdauer und Abwahlmöglichkeiten von Spitzenrepräsentanten der Republik auf, die in der Tat sehr unterschiedlich geregelt sind. Der Bundespräsident kann gegenwärtig zwei sechsjährige Amtsperioden hintereinander ausüben, seine vorzeitige Abberufung – durch Volksabstimmung über Beschluss der Bundesversammlung (= der 183-köpfige Nationalrat und der gegenwärtig 62-köpfige Bundesrat gemeinsam) – ist außerordentlich schwierig. De facto würden National- und Bundesrat dieses Risiko nur eingehen, wenn etwas wirklich Gravierendes vorliegt und die Stimmung in der Bevölkerung eindeutig ist. Denn wenn der Bundespräsident die Volksabstimmung gewinnt, dann gibt es automatisch Neuwahlen des Nationalrates.

Die drei Präsidenten des Nationalrates sind nach ihrer Wahl nicht mehr abberufbar – es sei denn, es kommt durch das Strafrecht zum Mandatsverlust. Dies mag man bedauern, aber diese Regelung birgt einen gewissen demokratischen Minderheitenschutz. Sollte ein Mitglied des Nationalratspräsidiums abgewählt werden können – allein weil es der Parlamentsmehrheit unangenehm auffällt –, dann wäre das ein Freibrief für eine parteipolitisch motivierte Abberufung – selbst wenn man eine Zweidrittelmehrheit vorsieht. Gegenwärtig (2010) verfügt keine einzige der Nationalratsparteien über eine Sperrminorität von einem Drittel der Abgeordneten. Es ist daher größte Sorgfalt bei der Wahl des Nationalratspräsidiums geboten.

Ein ähnlicher Minderheitenschutz besteht bei den auf sechs Jahre gewählten drei Volksanwälten, für die die drei größten Parlamentsparteien je einen Vorschlag erstatten dürfen.

Der Rechnungshofpräsident wiederum wird vom Nationalrat auf zwölf Jahre gewählt und kann mit einfacher Mehrheit abberufen werden. Dies ist sicherlich im Vergleich zu den anderen Organen der Republik ein Systembruch, der korrigiert gehört. Insgesamt wäre eine Angleichung der Abwahl-Möglichkeiten sehr wünschenswert, wobei diese nur aus wichtigem Grund erfolgen können soll.

Begrenzung der Funktionsdauern?

Ein anderes Thema ist die Frage, ob es zeitliche Begrenzungen bei der Ausübung von politischen Funktionen geben soll. Generell ist zu bemerken, dass sich Persönlichkeiten in der Bundespolitik, vor allem in Spitzenfunktionen, rascher verbrauchen als zu früheren Zeiten. Von Margaret Thatcher stammt der Satz: „All political carreers end in tears." Wenn man nicht zu zeitlichen Begrenzungen schreitet wie etwa in den USA – zwei Legislaturperioden in ein und demselben Amt sind genug –, so sollten doch bei langer Amtsdauer wenigstens parteiintern erhöhte Zustimmungsquoren bei der Nominierung Pflicht werden. Es ist ja fast ein Treppenwitz der österreichischen Zeitgeschichte, dass die jüngste nachhaltig etablierte politische Partei Österreichs – die Grünen – die dienstältesten Abgeordneten hat, obwohl dort ursprünglich das Rotationsprinzip vorgesehen war.

Ämterkumulierung

Vielfach wurde auch die Ämterkumulierung – etwa die Verbindung von Abgeordnetenmandat und Sozialpartnerfunktion – als Ärgernis empfunden. Denn derartige Verquickungen brachten und bringen immer auch die Gefahr von Interessenkollisionen und besonders unverschämtem Lobbyismus mit sich, wobei das Gemeinwohl oft gegenüber dem Partikularinteresse ins Hintertreffen zu geraten droht (in einer idealen Demokratie sollte es aber genau umgekehrt sein). Auch wenn sich hier im Vergleich zu den Frühzeiten der Republik einiges zum Besseren gewendet hat – früher saßen Arbeiter-, Bauern-, Wirtschaftskammer- und Gewerkschaftsbosse wie selbstverständlich in Parlament und Regierung und waren teilweise auf das Nationalratspräsidium geradezu abonniert –, ist der Zustand noch immer unbefriedigend. Während die Chefs von Wirtschafts- und Bauernkammer nicht mehr für die ÖVP im Nationalrat sitzen, machte die Faymann-SPÖ den Schritt von Alfred Gusenbauer wieder rückgängig, der 2006 nach dem BAWAG-Skandal den SP-Spitzengewerkschaftern die Sessel vor die Parlamentstür stellte. Eine saubere Ämtertrennung wäre aber höchst angebracht.

Gefährdetes Vertrauen in den Rechtsstaat

Eine der wichtigsten Säulen, die eine funktionierende Demokratie tragen, ist das Vertrauen in den Rechtsstaat.

Dieses Vertrauen kann in mehrfacher Weise unterminiert werden, insbesondere etwa

- durch einen für den einzelnen undurchschaubaren Rechtsdschungel,
- durch die ungeahndete Missachtung von Rechtsvorschriften durch öffentliche Amtsträger,
- durch das Gefühl der Parteilichkeit bzw. Ungerechtigkeit der Justiz – dass nämlich nicht alle vor dem Gesetz gleich, sondern manche „gleicher" seien.

Auch hier muss ein Erosionsprozess registriert werden. Laut einer im November 2009 publizierten Umfrage des Klagenfurter Humaninstituts glauben 60 Prozent, dass nicht alle Bürger vor dem Gesetz gleich seien, bewerten 56 Prozent das Rechtssystem nur mit „genügend" bzw. „nicht genügend" und meinen 41 Prozent, Politiker würden vor Gericht besser behandelt als Normalbürger.

Der große französische Philosoph Montesquieu hat unmissverständlich postuliert: „Überflüssige Gesetze schwächen notwendige Gesetze. Wenn es nicht notwendig ist, ein Gesetz zu machen, dann ist es notwendig, kein Gesetz zu machen."

Die meisten Parlamente und Regierungen halten sich nicht an diese Forderung. Das beginnt in Österreich ärgerlicherweise schon bei der Verfassung. Denn die Verfassungsbestimmungen sind nicht in einem einheitlichen Verfassungsdokument, dem Bundesverfassungsgesetz, zusammengefasst, sondern in aberhunderten Gesetzen verstreut. Alles das geht bis zu Gesetzen, bei denen der Verfassungsgerichtshof moniert, dass sie „widersprüchliche Rechtsanordnungen" enthalten und nur bei einer „gewissen Lust an der Lösung von Denksportaufgaben" verstanden werden können.

Ein besonderes Unding sind die sogenannten „Budgetbegleitgesetze“ des Bundes, in denen alljährlich unzählige völlig unterschiedliche Materien meist in allerletzter Minute ohne jede Begutachtung und mit völlig unzureichender Beratungsmöglichkeit durchs Parlament gepeitscht werden – so geschehen z. B. bei Teilen der Pensionsreform oder der Eurofighter-Finanzierung.
Volksanwältin Terezija Stoisits beklagt bei den Gesetzesnormen „Exzesse an Komplexität“ insbesondere durch Novellierungswut, sodass die Beamten „ständig schauen müssen, was jetzt gilt“. Verwaltungsaufblähung und lange Verfahren haben also oft ihre Ursache in der überbordenden Gesetzgebungsmaschinerie.
Der gewünschte leichtere Zugang zum Recht für den einzelnen Bürger wird durch diesen unübersichtlichen Rechtsnormendschungel ins Gegenteil verkehrt. Immer wieder wurden auch Initiativen wie *Stopp der Gesetzesflut* (so auch der Name eines in den 1990er Jahren von der damaligen steirischen Nationalratsabgeordneten Cordula Frieser gegründeten Vereins) gestartet – freilich ohne nachhaltigen Erfolg. Vielleicht wäre eine Radikallösung ein Ansatzpunkt, nämlich, dass Gesetze nach einem gewissen Zeitraum, etwa nach fünf Jahren, automatisch außer Kraft treten, wenn sie nicht verlängert werden. Nicht die Quantität, sondern die Qualität der Rechtsnormen ist ein Erfolgsausweis für Parlamente und Regierungen.
Es muss auch das bewusst sein, was der kritische Theologe Hans Küng sagte: „Die besten Gesetze helfen nichts, wenn Ethos und Moral nicht passen.“
So wichtig Gesetze und auch Kontrolle – etwa durch den Rechnungshof – sind, so sehr muss auch vor einer Kontroll- und Gesetzeshybris und einer dadurch überschießenden Bürokratisierung und eventuell auch Verhinderung von Projekten gewarnt werden. Die beste Kontrolle kann Ethos, Vertrauen und Verantwortung nicht ersetzen, sondern nur unterstützen.

Es geht auch um die angemessene Relation bei Prüfungen etwa durch die Rechnungshöfe des Bundes und der Länder. Wie sieht es etwa mit ausgegliederten Gesellschaften von Gemeinden aus, in denen finanzielle Zeitbomben ticken können oder wie ist es umgekehrt mit Gesellschaften mit Minderheitsbeteiligungen des Bundes?

Verhöhnung des Verfassungsgerichtshofes

Der Verfassungsgerichtshof (VfGH) gilt als eine der wenigen Instanzen, die in Österreich höchstes Ansehen genießen. Immer wieder trifft der Gerichtshof Entscheidungen, die dem jeweiligen Betroffenen nicht gefallen und von diesen kritisiert werden. Aber die Anordnungen des VfGH werden in der Regel – wenn auch oft zähneknirschend – befolgt. Es gibt aber zwei signifikante Beispiele, die eigentlich eine Verhöhnung des Gerichtshofes darstellen:

1. Mehrfach gab es Erkenntnisse im Zusammenhang mit dem vom Land Niederösterreich blockierten Bau des Semmeringbahntunnels. Immer, wenn eine entsprechende Erkenntnis kam und man meinte, nun sei die Bahn frei für den Tunnel, ließ sich Niederösterreich z. B. eine Novelle zum Landesnaturschutzgesetz einfallen. Dieses Spielchen wurde ein Jahrzehnt lang so betrieben, bis als politische Lösung eine völlige Neuplanung beschlossen wurde. Zwischenzeitig nützte der Landeshauptmann die Tunnelverhinderung erfolgreich als Wahlkampfthema.
2. Noch dreister trieb und treibt es Kärntens Politik im Zusammenhang mit „Ortstafel-Erkenntnissen", die der verstorbene Landeshauptmann Jörg Haider und sein Nachfolger ein Jahrzehnt hindurch nicht nur regelmäßig nicht umsetzten, sondern darüber hinaus noch den Gerichtshof und seinen Präsidenten öffentlich lächerlich machten. Erst im Sommer 2010 zog Landes-

hauptmann Gerhard Dörfler, dessen Bundesland und Politik mittlerweile nach Haiders Tod und den Kollateratalschäden von dessen Politik sowie aufgrund der Diadochenkämpfe in seiner politischen Bewegung in vielfacher Weise in die Negativschlagzeilen kamen, die Notbremse und lenkte ein.
Bei Infrastrukturprojekten von überregionaler Bedeutung, die mehrere Bundesländer betreffen, wie etwa dem Semmeringtunnel, könnte eine Verfassungsbestimmung das Verhinderungspotenzial eines Bundeslandes in die Schranken weisen.
Bundespräsident Heinz Fischer plädierte im Juni 2010 dafür zu prüfen, „ob es nicht ein Recht des Bundes auf Umsetzung der Entscheidung eines Höchstgerichts gibt". *(Die Presse,* 29. Juni 2010)
Im Zuge der Diskussionen über Erkenntnisse des Verfassungsgerichtshofes wurde immer wieder auch der Vorschlag ventiliert, dass – falls Entscheidungen nicht einstimmig fallen – Abstimmungsverhältnisse und abweichende Meinungen veröffentlicht werden sollten.
Diese Kundmachung der *dissenting opinion* gibt es in diversen anderen Staaten, wurde in Österreich aber bisher vor allem mit dem subkutanen Hinweis, dass damit eine mögliche „parteipolitsche Vernaderung" einzelner unbequemer Richter einhergehen könne, eher abgelehnt.
Denn es ist ein österreichisches Spezifikum, dass die Verfassungsrichter mit Ausnahme ihres Präsidiums nebenberuflich tätig sind, was zu Interessenkollisionen führen kann, die so gar nicht in das Bild eines unparteiischen Höchstrichters passen (etwa Tätigkeiten in bzw. für Unternehmen, deren Aktivitäten Anlassfälle für VfGH-Beschwerden geben können).

Ein Generalstaatsanwalt?

Ein Hauptangriffspunkt auf die Justiz ist neben der allgemeinen Kritik über lange Verfahrensdauern die Behauptung, dass Anklageerhebungen bzw. Einstellungen von Strafverfolgungen durch die dem Ministerium gegenüber weisungsgebundene Staatsanwaltschaft der Willkür der Politik ausgesetzt seien und damit die Unabhängigkeit der Justiz in Frage gestellt wäre. Immer wieder werden daher die Bestellung eines Generalstaatsanwaltes durch das Parlament und die Abschaffung des Weisungsrechts des Justizministers gefordert. Letzteres wiederum erscheint allerdings vielen als wesentliches Instrument zur Sicherung einer möglichst einheitlichen Rechtsprechung. Übereinstimmung besteht, dass die Tätigkeit des Ministeriums und der Staatsanwaltschaft mit allen Weisungen transparent sein und der parlamentarischen Kontrolle unterliegen muss, wobei viele meinen, dies sei durch das Kontrollrecht gegenüber dem Justizminister ohnehin gegeben. Der langjährige Präsident des Verfassungsgerichtshofs Ludwig Adamovich glaubt beispielsweise nicht an die Sinnhaftigkeit eines zusätzlichen unabhängigen Generalstaatsanwalts: „Wenn dieser vom Parlament mit Zweidrittelmehrheit gewählt wird, werden die Parteien jemanden nominieren, der niemandem weh tut.“ *(Der Standard,* 19. August 2009) Die gegenwärtige Vizepräsidentin des Verfassungsgerichtshofs, Brigitte Bierlein, die selbst mehrere Jahre als angesehene Staatsanwältin wirkte, wiederum äußert sich differenziert. Sie lobt die erfolgte Rechtsänderung, dass Weisungen nunmehr seit einigen Jahren schriftlich dem Gerichtsakt beigelegt werden müssen (die der letzten Jahre waren so wenige, dass sie an einer Hand abgezählt werden können). Dennoch kann sie sich auch einen Bundesgeneralanwalt vorstellen, betont aber: „Das hat aber nur einen Sinn, wenn dieser unabhängig von politischen Einflüssen ist.“

Kapitel 5

Zur Zukunft von Parteien, Politikern und Parlamenten

Unvermeidlicher Parteienstaat

Bei aller Kritik an den Parteien und der notwendigen Stärkung von Transparenz und innerparteilicher Demokratie bleibt aber das Diktum des Schöpfers der Österreichischen Bundesverfassung, Hans Kelsen, aus dem Jahre 1929 im Bewusstsein: „Die moderne Demokratie beruht geradezu auf den politischen Parteien, deren Bedeutung umso größer ist, je stärker das demokratische Prinzip vermittelt ist. Die Demokratie ist notwendig und unvermeidlich ein Parteienstaat."

Ziel vieler der skizzierten Reformschritte etwa zum Wahlrecht oder zur direkten Demokratie ist die Zurückdrängung des überbordenden Parteieneinflusses und die Stärkung der Mitgestaltungsmöglichkeiten der Bürger. Parteienproporz ist zu einem Schimpfwort geworden, weil es durch die Maßlosigkeit der Parteien – insbesondere beim Postenschacher – zur Pervertierung des Proporzgedankens kam, der ja eigentlich die angemessene Repräsentation aller Gruppen der Gesellschaft und einen gewissen Minderheitenschutz gegenüber der Diktatur der Mehrheit zum Ziel hatte. Generell gilt: Je stärker die Zivilgesellschaft, umso schwächer Parteienstaat und Parteieinfluss.

Zu diesem Themenkomplex gehört auch die leidige Frage der Parteienfinanzierung:

Intransparente Parteienfinanzierung

Die österreichischen Parteien erhielten 2009 insgesamt 171,2 Millionen Euro an staatlicher Förderung – davon 46,7 Millionen auf Bundesebene und weitere 124,5 Millionen in den Bundesländern. Das geht laut einer im *Standard* vom 18. Jänner 2010 wiedergegebenen APA-Meldung aus einer Berechnung des auf Parteienfinanzierung spezialisierten Politikwissenschafters Hubert Sickinger hervor. In diese Zahlen nicht eingerechnet sind die ebenfalls millionenschweren Fraktionsförderungen in der Wirtschaftskammer (vor allem an den ÖVP-Wirtschaftsbund) und in Arbeiterkammer und Gewerkschaft (vor allem an die SP-Gewerkschafter). Die staatliche Unterstützung für die Parteien (inklusive Parteiakademien und Parlamentsklubs) betrug 2009 im Durchschnitt 27 Euro pro wahlberechtigtem Österreicher. Die Bundesländer sind hier noch deutlich großzügiger als der Bund: Für die fünf Parlamentsparteien gibt es rund 7,4 Euro pro Wahlberechtigtem, die Landesparteien kassieren durchschnittlich 18,3 Euro pro Stimmbürger. Außerdem kommt bei den Ländern mit Ausnahme Wiens noch einiges für die Förderungen auf Gemeindeebene dazu. Darüber hinaus werden Parteispenden in Österreich nicht offengelegt. Niemand weiß z. B., ob und wie viele Lobbyisten an einzelne Parteien spenden. Auch wie viel Vermögen in Stiftungen und Gesellschaften von Parteien und ihren Vorfeldorganisationen versteckt ist, bleibt offen. Die *Süddeutsche Zeitung* spricht im Zusammenhang mit der Parteienfinanzierung vom „Schlaraffenland Österreich“, da die meisten Staaten – so auch Deutschland – strengere gesetzliche Regelungen haben. Jedenfalls wird durch tatsächliches und vermeintliches Fehlverhalten von

Parteien, Politikern und Lobbyisten immer wieder Korruptionsverdacht genährt, wobei es nicht nur um Korruption im strafrechtlichen Sinne, sondern in Bezug auf den erforderlichen Anstand in Gesellschaft und Politik geht – auch im Hinblick auf die im *Duden* ausgewiesene zweite Bedeutung dieses Begriffs „moralischer Verfall". Die Regeln der politischen Ethik müssen daher strenger sein, als das Strafgesetz erlaubt. Es ist nicht alles moralisch vertretbar, nur weil es strafrechtlich sanktionslos bleibt. Der Brite Lord Acton brachte es auf eine Kurzformel: „Power tends to corrupt, absolute power tends to corrupt absolutely." Daher sind generell in allen Bereichen über die allgemein notwendige Ethik hinaus auch klare Rechtsvorschriften und strenge Kontrollen mit Sanktionen geboten. Seriöse und kontrollierte Privatisierung ist probates Mittel gegen überschießenden Parteieneinfluss. Und fest steht: Der Staat ist in aller Regel ein schlechter Unternehmer. Ein besonderer Angriffspunkt der Kritik ist auch der Missbrauch von Öffentlichkeitsarbeitsmitteln von Bund, Ländern, Gemeinden und ausgegliederten Gesellschaften für Personen- und Parteipropaganda. Auch hier ist ein klares Reglement zu formulieren.

Neue Parteien? Fehlt eine liberale Kraft?

Und wie wird die Zukunft der Parteien aussehen? Wird es Parteispaltungen und neue Parteien geben? Abgesehen von den Grünen, die das in den 1970er und 1980er Jahren immer stärker gewordene Anliegen der Umweltbewegung parteipolitisch artikulierten, hat es in Österreich in den letzten Jahrzehnten keine dauerhafte Neubildung zu den traditionellen drei Parteien SPÖ, ÖVP und FPÖ gegeben. Das Liberale Forum als Abspaltung der Haider-FPÖ ist heute marginalisiert, die Zukunft des BZÖ mehr als ungewiss. Auf Landesebene erzielte in Tirol 2008 die Bürger-

bewegung des ÖVP-Rebellen Fritz Dinkhauser einen Achtungserfolg, auf EU-Wahlebene in Österreich mit Hilfe der *Kronen Zeitung* der radikale Kritiker Hans-Peter Martin 2004 und 2009. Beides ist – wie auch Wahlergebnisse dieser Gruppen zeigen – nicht auf Nationalratswahlebene transponierbar. Insgesamt haben solche Protestbewegungen und *Single-Issue*-Parteien immer wieder punktuelle Chancen, vor allem, wenn die Bürger den Eindruck haben, dass die etablierten Parteien nicht offen und reformbereit genug sind. Aber ein nachhaltiger über mehrere Jahrzehnte dauernder Erfolg mit parlamentarischer Präsenz scheint nicht gegeben. Am ehesten Potenzial hätte wohl eine liberale Bürgerbewegung, und zwar dann, wenn sie sich um bekannte und als kompetent erkannte Persönlichkeiten – etwa charismatische Topmanager – scharen könnten. Der eindrucksvolle Erfolg von Karl Schwarzenberg in Tschechien nährt auch in Österreich die Phantasie. Das Fehlen des liberalen Elements – ein allerdings schillernder und vieldeutiger Begriff – in der österreichischen Politik wird ja oft beklagt. In einer am 25. Jänner 2010 im *Standard* veröffentlichten *Market*-Umfrage sagten 26 Prozent der Befragten, eine neue Wirtschaftspartei mit „seriös wirkenden Kandidaten" wäre für sie wählbar, für je 15 Prozent eine liberale Partei oder eine neue Jugendpartei, für gar 18 Prozent eine neue Seniorenpartei und für elf Prozent eine Partei links der SPÖ (vergleichbar den von Ex-SPD-Spitzenmann Oskar Lafontaine und von Ex-PDS-Chef Gregor Gysi in Deutschland gegründeten *Linken,* die mit rund zehn Prozent der Stimmen im Bundestag vertreten sind).
Conclusio: Die bestehenden Parlamentsparteien in Österreich müssen sich öffnen und reformieren, wobei ein neues Wahlrecht sehr hilfreich sein kann, wenn es nicht zu Parteineugründungen kommen soll.

Zu wenig Frauen in Österreichs Politik

Allgemein zu konstatieren ist eine Unterrepräsentanz von Frauen im politischen System Österreichs. Von skandinavischen Verhältnissen, in denen eine Geschlechterparität herrscht, sind wir hierzulande noch weit entfernt. Es wird insbesondere von Nationalratspräsidentin Barbara Prammer auch darauf hingewiesen, dass mehrheitsfördernde Wahlrechte Frauen eher benachteiligen als Verhältniswahlrechte mit Parteilisten, weil hier über die Parteien Frauen besser verankert werden können. Dies führt schnurstracks zur Quotendiskussion, die die Grünen in Österreich am besten mit dem Reißverschlusssystem – eine Frau, ein Mann, eine Frau, ein Mann usw. bis zum Ende der Liste – gelöst haben. Möglicherweise sollte solches generell verpflichtend verankert werden, wobei das Problem an der Basis beginnt. Die Repräsentanz der Frauen ist in den Gemeindestuben am schlechtesten und in der Bundesregierung eigentlich am besten – wohl auch, weil es sich keine Partei mehr leisten kann, ein deutliches Männerübergewicht in den Spitzenfunktionen zu haben.
Nur 110 von 2.356 österreichischen Gemeinden haben eine Bürgermeisterin, das sind fünf Prozent (Stand Mai 2010). Im österreichischen Parlament wiederum sind 28 Prozent der Abgeordneten Frauen, in der Bundesregierung in Ministerämtern sogar 42,86 Prozent. Bei beiden liegt Österreich deutlich über dem EU-Schnitt, aber klar hinter Finnland, Schweden oder Dänemark.
Bei den Gemeinden hingegen liegt Österreich EU-weit auf den hinteren Rängen, in etwa gleichauf mit Ländern wie Rumänien und Slowenien. An der Spitze steht Lettland mit einem Bürgermeisterinnenanteil von 39 Prozent, gefolgt von Schweden mit 30 Prozent. Schlusslicht ist Griechenland mit drei Prozent. Der EU-Schnitt beträgt 13 Prozent (exklusive Irland), wie die Europäische Kommission 2007 erhoben hat.

Was den Frauenanteil in den Regionalversammlungen (bei uns Landtage) betrifft, liegt Österreich mit 31,5 Prozent knapp über dem EU-Durchschnitt von 30 Prozent: 141 von 448 Landtagsabgeordneten sind weiblich. Spitzenreiter ist Wien mit 42 Prozent Frauen.
1966 kam mit Grete Rehor die erste Frau in die Bundesregierung (also erst fast ein halbes Jahrhundert nach Ausrufung der Republik 1918, die 1919 das Frauenwahlrecht brachte). Bis es eine Frau an die Spitze einer Landesregierung schaffte, sollten noch einmal 30 weitere Jahre vergehen: Erst 1996 war es mit Waltraud Klasnic in der Steiermark so weit.
Die mangelnde Sichtbarkeit von Frauen in Führungsfunktionen ist aber ein gesamtgesellschaftliches Phänomen. Frauen in Firmenvorständen oder als Universitätsprofessorinnen zählen zu den Exotinnen, obwohl schon seit Längerem mehr Frauen als Männer an den Universitäten studieren und absolvieren. Es hat seit den 1970er Jahren ein Bewusstseinswandel eingesetzt, aber dieser trägt noch lange nicht so viele Früchte, wie er sollte, was auch die Einkommensstatistik belegt.

Welche Politiker haben wir, welche brauchen wir?

So wichtig die Strukturen sind, entscheidend sind die Personen, die sie mit Leben erfüllen. Gerade in Zeiten, in denen der Anteil der Wechselwähler immer größer wird, Parteien der Mitte programmatisch immer austauschbarer werden und Ideologie immer weniger eine Rolle spielt, kommt es immer mehr auf die Personen in der Politik an. Oft sind Politiker das Programm oder die Kommunikatoren des Programms. Daher wird die Fragestellung immer bedeutsamer: Welche Politiker brauchen wir, wer geht heute noch in die Politik?

Das Lamento ist altbekannt: Früher waren die Zeiten viel besser, die Jugend ist schlecht, die Politiker werden immer schlechter – dieser Tenor lässt sich in Überlieferungen bis in die Antike zurückverfolgen. Tatsächlich wird heute eine besondere Diskrepanz sichtbar: Einerseits werden politische Prozesse immer komplexer und erfordern mehr Sachverstand, andererseits erscheint vielen das Engagement (die Betätigung) in der Politik als ein immer unattraktiverer Job. Vergleichsweise geringe Bezahlung etwa in Relation zur Wirtschaft, hoher Zeitaufwand, Abschaffung von Politikerpensionen (die Reduktion von Privilegien und vor allem auch die Begrenzung von kumulierbaren Bezügen waren dennoch ganz richtige Schritte), aber insbesondere das geringe Sozialprestige von Politikern, die ihre Ämter verlieren, wirken oft abschreckend. Ex-Politiker stehen unter dem Generalverdacht, umfassend gescheitert und „Versorgungsfälle“ zu sein.
Politiker legen als *Polit-Junkies* auch ein gewisses Suchtverhalten an den Tag.
In einer Zeit, in der die Besten für die Steuerung der Gesellschaft gerade gut genug sein sollten, scheint es so, als ob es oft zu einer Negativ-Auslese käme. Politik ist durch die Professionalisierung in den Parlamenten meist zu einem Fulltime-Job geworden, neben dem sich schwer ein bürgerlicher Beruf in führender Position ausüben lässt. Unternehmer, Freiberufler, leitende Angestellte werden sich daher – wenn die Entwicklung so weitergeht – in immer seltener werdenden Fällen der Politik zur Verfügung stellen. Beamte, Lehrer, Partei- und Sozialpartnerangestellte sind daher immer weiter auf dem Vormarsch.

Abbild der Gesellschaft

Der Chefredakteur der Hamburger Wochenzeitung *Die Zeit* Giovanni di Lorenzo raffte sich am 24. Juni 2010 zu einem treffenden Leitartikel auf, als er schrieb: „So katastrophal schlecht ist das Ansehen der amtierenden Politiker heute, dass man sie schon wieder verteidigen muss. (...) Besorgniserregend ist heute allenfalls die Tatsache, dass die besonders Begabten die Politik meiden und es vorziehen, auf anderen Gebieten Karriere zu machen. (...) Das mangelhafte Bild der Parteien heute ist nicht ein spezifisch politisches Problem, es ist ein Abbild der Gesellschaft, in der sie um Stimmen werben. Und trotzdem müssten Bürger, Wirtschaft, Kirchen und Medien ein gemeinsames Ziel verfolgen: die parlamentarische Demokratie zu stärken. Denn ohne sie ist alles andere auch nichts."

Auch archaisch anmutende und zeitökonomisch verschwenderische Politikrituale und Ochsentouren durch als öde empfundene Parteiversammlungen wirken abstoßend. Denken und Empfinden der Funktionäre, die wie bei allen traditionellen Institutionen überaltert sind, entfernen sich immer weiter vom Lebensgefühl und der Lebensrealität, sodass sie oft als abgehoben wahrgenommen werden. Manchmal hat es sogar den Anschein, dass die Apparate und Funktionärsschichten ihre durch die zunehmende Mediendemokratie und Medialisierung der Gesellschaft immer mehr abnehmende Bedeutung durch besondere Intransigenz kompensieren wollen (ein Phänomen, das vor allem bei Parteien, aber auch allen anderen Institutionen im Säkularisierungsprozess beobachtet werden kann).

Vor allem die Diskussionskultur wirkt völlig unangemessen: Kaum äußert ein Politiker eine neue Idee, wird diese von seinem Gegenüber meist ohne differenzierte Prüfung abgekanzelt. „Unausgegoren" und „gefährlich" lauten einige der Vokabeln, die hier verwendet werden, vor allem, wenn der Vorschlag von einem Politiker einer anderen Couleur kommt. Für die Wählerschaft erkennbar ist aber, dass diese holzschnittartigen Stereotypen in vielen Fällen nicht die Lebensrealität oder den Erkenntnisstand abbilden.

Der frühere deutsche Bundespräsident Roman Herzog hat in seiner berühmt gewordenen Berliner *Ruck-Rede* 1997 auf den verhängnisvollen Ablauf dieser Debatten hingewiesen:

„1. Am Anfang steht ein Vorschlag, der irgendeiner Interessengruppe Opfer abverlangen würde.
2. Die Medien melden eine Welle kollektiver Empörung.
3. Spätestens jetzt springen die politischen Parteien auf das Thema auf, die einen dafür, die anderen dagegen.
4. Die nächste Phase produziert ein Wirrwarr von Alternativvorschlägen und Aktionismen aller Art, bis hin zu Massendemonstrationen, Unterschriftensammlungen und zweifelhaften Blitzumfragen.
5. Es folgt allgemeine Unübersichtlichkeit, die Bürger werden verunsichert.
6. Nunmehr erschallen von allen Seiten Appelle zur ‚Besonnenheit'.
7. Am Ende steht meist die Vertagung des Problems. Der Status quo setzt sich durch. Alle warten auf das nächste Thema.

Diese Rituale könnten belustigend wirken, wenn sie nicht die Fähigkeit, zu Entscheidungen zu kommen, gefährlich lähmen würden. Wir streiten uns um die unwichtigen Dinge, um den wichtigen nicht ins Auge sehen zu müssen."

Je stärker der Funktionärs-Berufspolitikertyp – der vom Berufsjugendlichen bis zum Rentnersprecher nie in einem anderen Berufsmilieu als in der Politik tätig war und womöglich Studium oder Ausbildung abgebrochen hat – ausgeprägt ist, umso stärker wird auch der vielkritisierte Klubzwang wirken können: Dieser führt dazu, dass frei gewählte Abgeordnete trotz des verfassungsrechtlich gebotenen freien Mandats immer wieder gegen ihr Gewissen und ihre Überzeugung abstimmen. Vor allem bei sogenannten Gewissensfragen, etwa über die Zulassung gleichgeschlechtlicher Lebensgemeinschaften oder Fragen des Lebensschutzes, wirkt dieser Klubzwang besonders negativ. Politiker sollten prinzipiell die Option haben, stets in einen Zivilberuf wechseln zu können und nicht vom Politikerbezug abhängig zu sein. Eine abgeschlossene Berufsausbildung stärkt sicherlich die innere Unabhängigkeit. Abgeordnete, die durch ein persönlichkeitsorientiertes Wahlrecht oder Vorwahlen bestimmt werden, werden in dieser Hinsicht sicherlich unabhängiger agieren. Andererseits sind Parteiführungen gut beraten, immer wieder auch unbequeme Nonkonformisten, Querdenker und Quereinsteiger zu Kandidaturen zu ermutigen, wenn sie sich einer Erneuerung unterziehen wollen –, wobei bewusst sein muss, dass es auch bei Quereinsteigern wechselseitige Enttäuschungen geben kann. Manche Quereinsteiger stellen sich Politik leichter vor, als sie ist.

Ein offenes Thema ist auch die Frage der Immunität. Darf ein Abgeordneter ungeahndet verleumden? Ist ein Abgeordneter Freiwild für Justizwillkür? Zwischen diesen beiden Polen spielt sich die Debatte ab. Diese Frage stellt sich auch bei Untersuchungsausschüssen.

Es sollte die Warnung von Christian Graf von Krockow in seinem Essay über *Klugheit und Dummheit in der Politik (politicum* 30, Oktober 1986) beherzigt werden: „Macht: Sie macht dumm, weil sie das Lernen ersetzt. Der Mächtige muss sich nicht anpassen; er zwingt die anderen zur Anpassung. (...) Der Mächtige hört schlecht. Was er hört, sind die Stimmen der Schmeichler. Und die haben, um ihre Stellung am Thron zu halten, wiederum ein Interesse daran, Warner als Böswillige, als Feinde zu disqualifizieren. (...) Unwillkürlich hält der Mächtige sich für weiser, ja für besser als andere."

Ein Patentrezept, um dieser Entwicklung gegenzusteuern, gibt es nicht. Abgeordnete zu den Landtagen, zum National- und Bundesrat, sind nicht unterbezahlt, eher die Spitzen der Regierung und die Bürgermeister kleinerer Gemeinden. Es ist ein bezeichnender und bedauerlicher Umstand, dass sich in einzelnen kleineren Gemeinden mit Ach und Weh ein Bürgermeisterkandidat findet und dort dann eigentlich keine echte Wahl stattfindet.

Eine nicht geringe Gefahr birgt die Selbstabwertung der Politiker in sich, die sich manchmal in populistisch-demagogischen Forderungen nach immer tieferen Bezügen und wechselseitigen Herabwürdigungen ergehen. Ein scheinbar besonders wohlklingendes, aber nur Vorurteile bedienendes, weil unrealisierbares Beispiel ist die Forderung nach leistungsbezogenen Politikergehältern. Nach welchen Parametern sollen denn Boni ausgezahlt bzw. Mali einbehalten werden? Arbeitsmarktdaten, Budgetdaten, Sozialleistungen, Umweltpolitik? Unlösbar. Die Evaluierung der Politik erfolgt durch Wahlen und öffentliche bzw. parlamentarische Kontrolle.

Was ist Aufgabe der Politik?

Politik, sich für die *res publica* und das *bonum commune* zu engagieren, muss einfach wieder attraktiver erscheinen. Ein gewisses Maß an Idealismus und Ehrgeiz, auch der Wille, in der Öffentlichkeit zu stehen, sind gefordert. Allgemein gilt noch immer das Anforderungsprofil, das Max Weber in seinem berühmten Essay *Politik als Beruf* formuliert hat:
„Die Politik bedeutet ein starkes langsames Bohren von harten Brettern mit Leidenschaft und Augenmaß zugleich. Es ist ja durchaus richtig, und alle geschichtliche Erfahrung bestätigt es, dass man das Mögliche nicht erreichte, wenn nicht immer wieder in der Welt nach dem Unmöglichen gegriffen worden wäre. Aber der, der das tun kann, muss ein Führer und nicht nur das, sondern auch – in einem sehr schlichten Wortsinn – ein Held sein. Und auch die, welche beides nicht sind, müssen sich wappnen mit jener Festigkeit des Herzens, die auch dem Scheitern aller Hoffnungen gewachsen ist, jetzt schon, sonst werden sie nicht imstande sein, auch nur durchzusetzen, was heute möglich ist. Nur wer sicher ist, dass er daran zerbricht, wenn die Welt, von

seinem Standpunkt aus gesehen, zu dumm oder zu gemein ist für das, was er ihr bieten will, dass er all dem gegenüber: ‚dennoch!' zu sagen vermag, nur der hat den ‚Beruf' zur Politik."

Auch wenn vieles durch internationale und österreichische Entwicklungen vorgegeben ist, gibt es keinen sozio-ökonomischen Determinismus. Politik kann nicht vom Reißbrett aus entworfen werden, sondern es braucht zur Verwirklichung von Zielvorstellungen politische Strategien, die auf Stimmungen, Mehrheitsverhältnisse, psychologische und emotionale Befindlichkeiten Rücksicht nimmt.

Es wäre ein fundamentales Missverständnis, Politik als reine Sachpolitik zu interpretieren. Die Kunst der Politik besteht darin, Sachkenntnis, Medien- und Öffentlichkeitsarbeit sowie Überzeugungsarbeit bei Entscheidungsträgern und Betroffenen im richtigen Mix miteinander zu verbinden. Politik gegen Medieninteressen und -bedürfnisse erfolgreich zu betreiben, ist genauso unmöglich, wie permanent gegen die Interessen der Bevölkerung zu entscheiden. Medien und Öffentlichkeit können im Gegenteil eine wesentliche Unterstützung bei der Durchsetzung richtiger politischer Entscheidungen sein. Wellenreiten auf augenblicklich populären Stimmungen birgt allerdings hohe Sturzgefahr.

Manchmal muss auch eigene Ohnmacht zur Kenntnis genommen und eingestanden werden, dass trotz bester Absichten als richtig erkannte Schritte nicht gesetzt werden können, Lösungen und Ziele unerreichbar bleiben. Die Politik wird immer von Menschen gestaltet. Selbst wenn man zusätzlich in Rechnung stellt, dass der reale Aktionsradius der Politik durch die Kompetenzlage begrenzt ist, kann sehr viel bewusstseins- und meinungsbildend erreicht werden, können eine förderliche Atmosphäre und geeignete Rahmenbedingungen geschaffen werden. Erfolgreiche politische Entscheidungen – vor allem die Wahl ihres Zeitpunktes – sind oft neben dem sachlich-rationalen Zugang von Instinkt und Intuition geleitet.

Es geht insbesondere auch um die Erfüllung des Postulats des früheren deutschen Bundespräsidenten Richard von Weizsäcker, der den Auftrag der Politik darin sieht, „das Zukunftsorientierte und Notwendige mehrheitsfähig zu machen".

Die Zukunft des Parlamentarismus

Und man wird sich auch von einigen Illusionen verabschieden müssen: Die Parlamente gelten zumindest formal zu Recht als das höchste und wichtigste Forum der Demokratie. Tatsächlich ist ein deutliches Übergewicht der Exekutive – der Regierung und ihrer Bürokratie – gegenüber der Legislative – den Abgeordneten – zu registrieren. Viele der Gesetze werden von der Regierungsbürokratie vorformuliert, die rein personell über eine vielfach größere Expertise verfügt. Die heutige Form der Gewaltenteilung folgt eher dem Muster Regierungsparteien versus Oppositionsparteien statt Regierung versus Parlament. Auf europäischer Ebene ist das gouvernementale Übergewicht noch größer, obwohl dem Europäischen Parlament sukzessive immer mehr Rechte eingeräumt werden. Der generelle Trend ist genauso wie der zum Berufspolitiker irreversibel, was aber nicht bedeutet, dass er tatenlos hingenommen werden soll.
Gutes Regieren und wirksames Kontrollieren sind siamesische Zwillinge, es bedarf der Dialektik von Initiative und Kontrolle. Die Parlamente sind daher mit mehr Sachverstand und vor allem Kontrollrechten auszustatten. Es geht insbesondere um größtmögliche Transparenz politischer Entscheidungen. Und es ist immer wieder das Bemühen zu setzen, interessante Persönlichkeiten mit den verschiedensten Zugängen für die Politik zu gewinnen.
Einige sehr bemerkenswerte Stimmen zur Zukunft des Parlamentarismus deuten die Richtung an:

„Ein zentraler Aspekt der liberalen Ordnung ist die Möglichkeit, zu einer Vielzahl von Fragen eine Vielfalt von Positionen auf vielfältige Art und Weise zu äußern. Es ist ein Jammer, dass das alte, klassische Parlament diese Aufgabe in der Demokratie wahrzunehmen heute nicht mehr imstande ist, dass es den Aufgaben, die die klassischen Autoren ihm zugedacht haben, nicht mehr gerecht wird. Mir war dies lieb und teuer, und im Grunde meines Herzens trauere ich der zentralen Stellung und Rolle des Parlaments immer noch nach. Aber das Problem ist, dass diese zentrale Rolle tatsächlich nicht mehr existiert. Demokraten dürfen die Augen vor der Realität und vor den Veränderungen, die sich vollzogen haben, nicht verschließen, sondern müssen versuchen, in einer grundlegend veränderten Situation den liberalen Prinzipien Geltung zu verschaffen. Nach dem Ende der Demokratie müssen und können wir eine neue Demokratie aufbauen." (Ralf Dahrendorf, *Die neue Demokratie,* 2002)
„Der Trend zum Regierungsparlament und zur Mediendemokratie ist unverkennbar. Wenn die Entscheidungen in der Regierung fallen und die Debatten in den Medien stattfinden, was macht dann noch das Parlament?" (Antje Vollmer, *Der Spiegel,* 2001)
„Je unübersichtlicher die Öffentlichkeiten, je hektischer das Tempo in der Ereignisdemokratie, umso notwendiger wäre ein ‚nationaler' Ort der Kontroverse, des demokratischen Verfahrens und am Ende auch der Verständigung. Schröders (der damalige deutsche Bundeskanzler, Anmerkung des Autors) Kanzleramt sieht jedenfalls imposant aus, und vermutlich ist es auch wirklich recht mächtig. Diese Regierungszentrale, die diffuse Zivilgesellschaft und die zerstreute Mediendemokratie: Sie alle benötigen dringend das Parlament als starkes Visavis." (Gunter Hofmann, *Die Zeit,* 3. Mai 2001)
„Das Parlament als zentralen Ort demokratischer Debatte zurückzugewinnen, könnte einen beachtlichen Stabilitätsgewinn für unsere Freiheitsordnung bedeuten." (Wolfgang Schäuble,

langjähriger CDU/CSU-Fraktionsvorsitzender, heute deutscher Finanzminister, *Süddeutsche Zeitung,* 23. Februar 2001)

Eine sinnvolle Möglichkeit, den Parlamenten wieder mehr Bedeutung zukommen zu lassen, wäre neben der Aufwertung der Kontrollfunktion sie insbesondere zu Orten des grundsätzlichen Diskurses über relevante Zukunftsfragen zu machen. Dazu könnten parlamentarische Enqueten und Enquetekommissionen, in denen die Fachleute ihre Positionen aus den unterschiedlichsten Blickwinkeln darlegen, dienen. Solche Grundsatzfragen könnten etwa sein: Gentechnik, Bio-Ethik, Datenschutz etc.

Kapitel 6

Die Dritte Republik – unterwegs zum europäischen Bundesstaat

Europa ist unser Schicksal – angesichtes der dramatischen Entwicklungen im Gefolge der seit 2008 offensichtlich grassierenden globalen Wirtschafts- und Finanzmarktkrise, die eigentlich eine Systemkrise ist, ist man auch in Österreich geneigt das zu konstatieren.

Denn ein Positives hat das Zittern der Österreicher um den Euro gebracht: Die tiefe EU-Skepsis – die massivste aller europäischen Länder noch im Frühjahr 2008 – ist der realistischeren Einsicht gewichen, dass Österreich auf sich allein gestellt wohl ein isländisches Schicksal erlitten hätte.

Trotzdem ist die EU aber weit davon entfernt, populär zu sein. Im Gegenteil: Viele halten Stützungsaktionen etwa für Griechenland für verschleudertes Geld.

Erkennbar ist eine Europaskepsis, speziell in Österreich, aber generell in zahlreichen EU-Mitgliedsstaaten. Sie fand ihren Ausdruck am spektakulärsten in mehreren Referenden in den Jahren 2005 ff., die gegen die Intentionen der Regierungen ausfielen: etwa – zunächst zum *EU-Verfassungsvertrag* und danach zum *Vertrag von Lissabon* – in Frankreich, den Niederlanden und in Irland.

Die Referendumswiederholung 2009 in Irland – allerdings unter dem Eindruck der Wirtschaftskrise und wesentlich befördert durch Argumentationsanstrengungen der dortigen Regierung und verantwortlicher politischer und gesellschaftlicher Kräfte – brachte dann ein glattes Ja.
Letzteres stützt auch die Grundthese: Europa zu vermitteln ist ein mühsamer Prozess, er kann und wird aber immer dann erfolgreich sein, wenn sich die proeuropäischen Kräfte dieser Anstrengung unterziehen und in einen ständigen Dialogprozess eintreten. Ein solcher Europäisierungsprozess der österreichischen Politik ist eine absolute Notwendigkeit. Europa ist eine Bringschuld der Politik und keine Holschuld der Bürger.

Nachhaltige Strategie notwendig

Fast entsteht der Eindruck, dass sich Interesse und Beteiligung an europäischen Angelegenheiten umgekehrt proportional zu ihrer Bedeutung verhalten. Sonst wäre es wohl schwer erklärlich, dass die Beteiligung an den EU-Wahlen in Österreich seit 1996 rapide abgenommen hat.
Gegenwärtig wird vieles von den politischen Parteien innenpolitischen Opportunitäten geopfert. Oft wird mit dem Finger nach Brüssel oder Straßburg gezeigt, wenn eine Maßnahme nicht gefällt oder innenpolitisch für populistische Strategien instrumentalisiert werden kann. Die bürgerfernen Eurokraten eignen sich bestens als Sündenbock und Feindbild. Manchmal hat man den Eindruck, als wollte man gewisse europäische Informationskanäle in Österreich bewusst verstopfen. So könnte auch das Redeverbot für österreichische EU-Abgeordnete im Wiener Parlament erklärt werden. Es bestehen auch institutionelle Defizite, es gibt keine europäische Öffentlichkeit.

Während alle 27 EU-Mitgliedstaaten über nationale Fernsehstationen und Zeitungen verfügen, existiert kein europaweit verbreitetes halbwegs publikumsstarkes einheitliches Medium. Auch die meist sehr qualifizierten und engagierten Korrespondenten aus Brüssel oder die Gestalter der Europaseiten und Sendungen in den einzelnen nationalen Medien können dieses Defizit nicht schließen. Das ist einerseits auf die Sprachenvielfalt, andererseits auf die Dominanz der nationalen Innenpolitik gegenüber der Europapolitik zurückzuführen. Das ist insofern absurd, als die Innenpolitik im hohen Maße von europäischen Inhalten geprägt ist. Daher sollte sich jeder nationale Politiker bewusst sein, dass er in den meisten seiner Äußerungen und Handlungen eigentlich einen EU-Konnex hat.

Andreas Koller hat dieses Manko am 7. Juni 2010 in den *Salzburger Nachrichten* in seiner Analyse *Europa ist zu kopflastig* deutlich formuliert: „Europa hat kein Gesicht. Daher findet das Vorurteil, Europa bestehe aus anonymen Bürokraten, die uns die Glühbirne wegnehmen und die Gentechnik aufzwingen, reiche Nahrung. (…) Daher ist die EU, was sie ist: Hassobjekt hetzender Krawallzeitungen, Reibebaum kleinkarierter Regierungspolitiker, Sündenbock für alles, was schief läuft in diesem Land. Diese Vertrauenskrise ist für die Integration mindestens so gefährlich wie die Eurokrise."

Die Integrationsfortschritte der EU gleichen der *Echternacher Springprozession* – zwei Schritte nach vor, einen Schritt zurück (Echternach liegt bekanntlich im Herzen der Kern-EU, nämlich in Luxemburg). Aber letztlich ist die europäische Integration – zwar immer wieder mit Rückschlägen – stets weiter vorangeschritten: Als die EWG (Europäische Wirtschaftsgemeinschaft) der Sechs (Deutschland, Frankreich, Italien und die Benelux-Staaten) 1957 gegründet wurde, dachte wohl kaum jemand daran, dass sich das damals durch den „Eisernen Vorhang" getrennte Europa und Deutschland in absehbarer Zeit vereinigen könnten. Heute leben

Europa-Brevier

Eine kurzgefasste Übersicht über die wichtigsten EU-Institutionen

Der Europäische Rat setzt sich aus den Staats- und Regierungschefs der Mitgliedsländer zusammen. Er tagt grundsätzlich viermal jährlich, um die allgemeinen politischen Leitlinien der EU festzulegen und die erzielten Fortschritte zu überprüfen.
Bis zum Inkrafttreten des *Vertrags von Lissabon* rotierte der Vorsitz alle halben Jahre unter den Mitgliedsstaaten, nunmehr ist im Interesse größerer Kontinuität ein Ratspräsident auf zweieinhalb Jahre bestellt.
Der Rat der Europäischen Union wird auch als Ministerrat bezeichnet. An seinen Tagungen nimmt je ein Minister aus den nationalen Regierungen der EU-Staaten teil. Die Zusammensetzung der Ratstagungen hängt von den zu behandelnden Themen wie z. B. Wirtschaft und Finanzen, Justiz und Inneres und Allgemeine Angelegenheiten ab.
Die Europäische Kommission setzt sich aus 27 Kommissaren (jeweils ein Kommissar pro EU-Mitgliedsstaat) und dem Kommissionspräsidenten zusammen.
Das Europäische Parlament hat nach Inkrafttreten des *Vertrages von Lissabon* 751 Abgeordnete, davon 19 aus Österreich (Funktionsperiode, so wie bei der Kommission fünf Jahre). Das Parlament teilt sich in die gesetzgebende Gewalt mit dem Ministerrat in vielen Politikbereichen der Europäischen Union.

wir in einer EU mit 27 Staaten, in 16 Staaten gibt es die europäische Einheitswährung Euro und man kann durch nahezu ganz Europa reisen, ohne seinen Pass an der Grenze präsentieren zu müssen usw.

Auch das Europäische Parlament und die Europäische Kommission haben Stück um Stück mehr Kompetenzen erhalten. Die Crux dabei: Die nationalen Spitzenpolitiker, die als Regierungschefs und Minister diesen Integrationsprozess vorantrieben, kommunizierten das nicht ihren jeweiligen Bevölkerungen, obwohl die Entwicklung eigentlich unumkehrbar weiter geht, wenn es nicht zum Crash kommen soll.
Die notwendigen Feuerwehraktionen zur Rettung des Euro im Frühjahr 2010 beweisen drastisch, dass die Eurostaaten ihre Wirtschafts- und Budgetpolitik harmonisieren müssen, wenn die EU als wirtschaftlich und politisch starke und dynamische Kraft auch im Wettbewerb mit China, den USA, Russland und aufstrebenden Schwellenländern von Brasilien bis Indien bestehen will. Diese Notwendigkeit steht freilich in mehr oder minder krassem Widerspruch zu den offiziellen Deklarationen der letzten Jahre und auch zu Festschreibungen in EU-Verträgen, weil kaum ein Politiker – vor allem der großen EU-Staaten – zuhause zugeben wollte, dass nur ein nationaler Souveränitätsverzicht Europas Einigung und globale Wettbewerbsfähigkeit voranbringt. Der Deutsche Bundesverfassungsgerichtshof hat im Sommer 2009 in seinem Urteil zum *Lissabon-Vertrag* sogar ausdrücklich festgeschrieben, dass ohne tiefgreifende Änderung des Deutschen Grundgesetzes – wie dort die Bundesverfassung heißt – Souveränitätsverzichte, die zu einem europäischen Bundesstaat führen könnten, nicht gestattet seien.
Aber auch wenn es immer wieder in Abrede gestellt wird: Es besteht ein Zentralisierungs- und Harmonisierungssog von Nationalstaat in Richtung Brüssel. Denn die EU muss den Weg zum Bundesstaat gehen, wenn sie erfolgreich sein will, wobei es im Grunde eine semantische Spiegelfechterei ist, ob man das nun „Vereinigte Staaten von Europa" nennt oder die EU eine *Entität sui generis* nennt. (Die Diskussion über die Finalität Europas ist für die praktische Politik ungefähr so fruchtbar wie die, ob Öster-

reich seit dem EU-Beitritt in der „Dritten Republik“ lebt. Fakt ist, dass es tiefgreifende Veränderungen gegeben hat, die kaum reversibel sind.) Ohne eine gemeinsame Wirtschaftspolitik kann es dauerhaft keine gemeinsame starke Währung geben. Selbstverständlich wird auch über eine eigene Finanzierungsgrundlage der EU – unabhängig von den Zahlungen seitens der Nationalstaaten – zu diskutieren sein, etwa eine europaweite Flugbenzinabgabe oder Abgaben auf Staatsgrenzen überschreitende Finanztransaktionen könnten Beispiele dafür sein.
Der Parade-Kommentator der *Kronen Zeitung,* Ernst Trost, machte anlässlich des Ablebens von Herausgeber Hans Dichand, der in den letzten Jahren der massivste öffentlichkeitswirksame österreichische EU-Gegner war, auf einen frühen Leitartikel aus dessen Feder aus dem Jahr 1946 aufmerksam, in dem dieser angesichts der Verwerfungen nach dem Zweiten Weltkrieg forderte: „Diese Kluft muss durch einen Block ausgefüllt werden, der nur Europa heißen kann. Ein neues, vereinigtes Europa ...“ Und Trost schließt am 27. Juni 2010: „Nur ein noch engeres Miteinander wird die Europäer in Zukunft bestehen lassen, allen Schwächen und Fehlern der EU zum Trotz.“

Demokratiepolitische Defizite der EU

Wenn das so ist – und wenn ohnehin 80 Prozent der nationalen Politik der EU-Mitgliedsstaaten von den EU-Gremien determiniert werden –, dann ist die demokratiepolitisch wichtigste Frage, wie der Diskurs über europäische Politik so transparent und bürgernah wie möglich erfolgen kann und wie die demokratische Kontrolle und Mitbestimmung so effektiv wie möglich sein kann. Dass es hier beträchtliche Defizite gibt, ist unübersehbar.
Jürgen Habermas schreibt in einem Essay für *Die Zeit* vom 20. Mai 2010: „Die zur Staatenkrise ausgeweitete Finanzkrise er-

innert an den Geburtsfehler einer unvollendeten, auf halbem Wege stecken gebliebenen politischen Union. In einem Wirtschaftsraum von kontinentalem Ausmaß und riesiger Bevölkerungszahl ist ein gemeinsamer Markt mit teilweise gemeinsamer Währung entstanden, ohne dass auf europäischer Ebene Kompetenzen eingerichtet worden wären, mit denen die Wirtschaftspolitiken der Mitgliedsstaaten wirksam koordiniert werden könnten. (...) Unverschämt ist die Suggestion, dass ein solcher Eingriff der Kommission in das Haushaltsrecht der Parlamente die Verträge nicht berühren und das längst bestehende demokratische Defizit nicht auf unerhörte Weise steigern würde. Eine wirksame Koordinierung der Wirtschaftspolitiken muss eine Verstärkung der Kompetenzen des Straßburger Parlaments nach sich ziehen; sie wird auch auf anderen Politikfeldern das Bedürfnis nach einer besseren Koordinierung auf den Plan rufen."

Gibt es bessere Systeme als die Demokratie?

Das führt auch in diesem Konnex zu der immer wieder gestellten Frage, ob wir nicht vielleicht in einen postdemokratischen Zustand kommen und ob nicht andere politische Systeme als die westlichen Demokratien unseres Zuschnitts besser geeignet wären, die Zukunftsfragen zu lösen. Auch wenn autoritäre Systeme kurzfristig rascher agieren können, ist es nach aller historischen Empirie eigentlich belegbar, dass Menschenrechte und Menschenwürde, Meinungsfreiheit und Rechtsstaatlichkeit auf Dauer nicht eingeschränkt werden können, ja dass es vielmehr diese Werte sind, die Kreativität und Innovation freisetzen.
Auch China ist kein Gegenbeweis. Kein Mensch kann heute das Resultat jenes gewaltigen Transformationsprozesses seriös prognostizieren, an dessen Beginn dieses imponierende Riesenreich der Mitte steht. Wer kann sich noch an die 1970er und 1980er

Jahre erinnern, als die „japanische Herausforderung" und das japanisch-pazifische Jahrhundert und die „Eurosklerose" vorausgesagt wurden?
Auch wenn die Demokratie oft wie ein fortwährender Prozess der Skandale erscheint, beweisen die von Medien und Politik aufgezeigten Affären eigentlich das Gegenteil: die Selbstreinigungskraft der Demokratie, die Stärke der Medienfreiheit, während in autoritären und totalitären Systemen prinzipiell vertuscht und verheimlicht wird. Klarerweise müssen bei Häufungen von skandalösen Vorgängen entschiedene personelle und strukturelle Konsequenzen gezogen werden, soll nicht die Demokratie in Mitleidenschaft gezogen werden.
Es besteht kein prinzipieller Anlass zu Euro-Pessimismus, zu der Annahme, Europa werde sozusagen ein schönes Museum und kultureller Freizeitpark werden, wie das antike Athen im Imperium Romanum.
Aber, wie der österreichische Wissenschafter und Demograf Rainer Münz, der auch Mitglied des EU-Weisenrates war, am 6. Mai 2010 in der *Zeit* ausführte: „Gemessen an seiner Wirtschaftskraft, gibt Europa heute schon weniger für Bildung und Forschung aus als die USA oder Japan; auch China befindet sich hier auf der Überholspur. Europa verfügt über zu wenige erstklassige Universitäten und Forschungsstätten. Die Konsequenzen sind absehbar: geringere Wettbewerbsfähigkeit und weniger Wohlstand."

Welche Telefonnummer hat Europa?

Eine besonders prekäre Situation ist bei Europas politischem Auftritt in der Welt erkennbar. Dem aus Fürth bei Nürnberg stammenden US-Sicherheitsberater und Außenminister der 1970er Jahre Henry Kissinger wird die – von ihm allerdings dementierte – Frage „Welche Telefonnummer hat Europa?", also „Unter welcher Telefonnummer kann ich in einer Krise den europäischen Außenminister anrufen?", zugeschrieben. Gemeint ist, dass die EU, obwohl von der wirtschaftlichen Potenz her eine Weltmacht, politisch ein Leichtgewicht ist. (Die EU hat bekanntlich mit 22,5 Prozent einen höheren Anteil am weltweiten Volkseinkommen als die USA mit 21,6 Prozent oder das freilich rasch wachsende China mit 7,8 Prozent. Japan weist übrigens 6,7 Prozent aus.)

Nahezu alle großen EU-Staaten – Großbritannien, Frankreich, aber auch Polen – wachen eifersüchtig über ihre außenpolitische Kompetenz. Die Kakophonie an unterschiedlichen Stellungnahmen der einzelnen Staaten zu weltpolitischen Krisenherden und die gespaltene Haltung etwa gegenüber der US-Irak-Politik, aber auch die unendliche Langsamkeit in der Balkanpolitik, wo erst das Eingreifen der USA und der NATO zu wirksamen Interventionen führten, zeugen davon. Ein anderes Beispiel ist der UNO-Sicherheitsrat, in dem es historisch bedingt fünf ständige Mitglieder gibt, die gegen jede Maßnahme – etwa Sanktionen oder Friedenseinsätze – ein absolutes Veto einlegen können: USA, Russland, China, Frankreich und Großbritannien. Wünschenswert wäre wohl, dass die beiden europäischen Staaten zugunsten der EU auf ihren Sitz verzichten. Nichts dergleichen. Stattdessen bemüht sich Deutschland um einen zusätzlichen europäischen Sitz.

Dennoch gibt es auch bei der gemeinsamen europäischen Außen- und Sicherheitspolitik Bewegung, wobei der Fortschritt in Schneckentempo erfolgt. Schuf der Europäische Rat der Regierungschefs zunächst die Funktion des „hohen Vertreters für die gemeinsame Außen- und Sicherheitspolitik", die der frühere NATO-Generalsekretär Javier Solana parallel zum EU-Außenkommissar (zuletzt Benita Ferrero-Waldner) ausübte, gibt es seit Inkrafttreten des modifizierten *Vertrags von Lissabon* am 1. Dezember 2009 einen eigenen, auf zweieinhalb Jahre gewählten EU-Ratspräsidenten – den

Niederländer Herman van Rompuy – und eine EU-Außenministerin, die zugleich Vizepräsidentin der EU-Kommission und Mitglied des Europäischen Rates ist – die Britin Lady Catherine Ashton.

Löst die EU-Diplomatie österreichische Botschaften ab?

Eine der Aufgaben der neuen EU-Außenministerin ist der Aufbau eines gemeinsamen diplomatischen Dienstes der EU in allen Staaten der Welt. Dies könnte bei seiner Vollendung bedeutende Synergie- und Einsparungseffekte für viele Mitgliedsstaaten bringen, die bislang glauben, sich auch in kleinen Staaten rund um den Erdball eigene kostenintensive diplomatische Vertretungen leisten zu müssen. Nun sind österreichische Diplomaten meist hochqualifiziert, aber sie könnten zumindest teilweise unter einem gemeinsamen europäischen Dach wesentlich effizienter agieren, ohne deshalb nationale Interessen preiszugeben. Denn klar ist, dass wohl in den meisten EU-Botschaften Diplomaten aller EU-Mitgliedsländer repräsentiert sein sollten. Noch drängender ist die Frage, ob jeder EU-Mitgliedsstaat in allen EU-Ländern Botschaften in bisheriger Größe braucht?

Fazit: Außen-, Sicherheits- und Budgetpolitik sind wohl die drei klassischen Domänen des Nationalstaates. Sinnvollerweise werden nationalstaatliche Kompetenzen nach Brüssel abgegeben werden müssen und im Gegenzug die demokratischen Mitbestimmungs- und Kontrollrechte vor allem der nationalen Parlamente, aber auch des EU-Parlaments ausgeweitet werden müssen. Und es muss die EU-Politik national kommuniziert werden.

Der Präsident des Österreichischen Verfassungsgerichtshofes Gerhart Holzinger, ein bisher durch spektakuläre öffentliche Aussagen nicht auffällig gewordener seriöser und kompetenter Spitzenjurist, hat Anfang Oktober 2009 für „sterile Aufgeregtheit“ (Max Weber) gesorgt. Er meinte, es müsse „ein eminentes demokratiepolitisches Anliegen sein“, die Bevölkerung am Weg der europäischen Integration so gut als möglich „mitzunehmen“, also zu informieren, zu kommunizieren und einzubeziehen. Ein Anliegen, das wohl viele unterstützen können. Als Mittel dazu hat Holzinger nationale Volksabstimmungen über künftige EU-Verträge vorgeschlagen.

Damit hat sich Gerhart Holzinger dem Populismusverdacht ausgesetzt und sich Beifall von aus seiner Sicht falscher Seite – den EU-Gegnern – eingehandelt. Statistiker wiederum haben zu bedenken gegeben, dass bei nationalen Abstimmungen zu getrennten Terminen – selbst unter der Prämisse einer hohen Zustimmungs-Wahrscheinlichkeit von 90 Prozent pro EU-Land – die Wahrscheinlichkeit, dass die Referenden in allen 27 Staaten positiv ausgehen, nur 5,81 Prozent beträgt. EU-Integrationsfortschritte wären damit de facto blockiert.

Heißt das, dass man keine direktdemokratischen Instrumente im EU-Zusammenhang in Österreich und Europa anwenden soll? Nein, natürlich nicht. Ein Referendum birgt für das politische Establishment immer den Zwang, offensiv zu kommunizieren und zu werben. Und genau dieser Verpflichtung ist man in Österreich seit der Volksabstimmung über den EU-Beitritt, die im Juni 1994 eine gloriose Zweidrittel-Zustimmung brachte, nie ernsthaft nachgekommen. Genau genommen hat man sie mit einigen teuren, aber kontraproduktiv wirkenden Alibi-Propagandakampagnen sträflich vernachlässigt. Fast hat man den Eindruck, als fürchteten sich die Eliten vor dem Volk, für das die Europapolitik ohnehin viel zu kompliziert und undurchschaubar sei. Das ist der Humus, auf dem die Anti-EU-Demagogie gedeiht. Die Gegenthese muss daher sein, dass bei einer nachhaltigen und kontinuierlichen Kommunikation mit

Pro und Kontra und ohne misstrauenserweckende Euphorie-Propagandadampfwalze die Mehrheit der Bevölkerung von den Vorteilen der EU-Integration überzeugt und mitgenommen werden kann. Das mag mühsam sein, aber dieser Anstrengung wird es in einer konzertierten Aktion bedürfen – aller EU-Befürworter, Opinion Leaders in Parteien, Medien, Kirchen, Sozialpartnern und NGOs, kurz der Zivilgesellschaft. Und dieser Prozess sollte alle paar Jahre in einer Grundsatzabstimmung darüber münden, ob Österreich an der EU-Weiterentwicklung teilhaben soll. Dies könnte zum Beispiel mit der EU-Parlamentswahl gekoppelt werden, bei der die erschreckend niedrige Wahlbeteiligung genau die Kommunikationsdefizite widerspiegelt. Überdies ist es bei dieser Wahl bislang nicht möglich, zusätzlich zu den österreichischen Abgeordneten auch über den jeweiligen Kommissar, Kommissions- und Ratspräsidenten mitzubestimmen. Wenn dies möglich wäre, könnte man sich auch das würdelose Gezerre um den Kommissarskandidaten ersparen, wie es 2009 in Österreich registriert werden musste. Die Debatte über einen möglichen Rats- oder Kommissionspräsidenten mit seinem Programm wäre auch geeignet, den EU-Wahlkampf zu einem Forum gesamteuropäischer, nicht nationaler Debatten zu machen. Effektive Europapolitik braucht eine gemeinsame Öffentlichkeit und durch Wahlen legitimierte Gesichter Europas, sonst wird sie immer von innerstaatlichen politischen Querelen überlagert sein.
Wenn Europa für seine Bürger ein Gesicht haben und gut begreifbar sein soll, wird wohl mittelfristig eine klarere Struktur der Institutionen notwendig sein, wobei diesbezügliche Gedanken des österreichischen EU-Abgeordneten Hannes Swoboda einleuchtend scheinen:
Als Gesetzgeber zwei Kammern: das direkt gewählte Europaparlament als erste Kammer und als zweite Kammer – quasi ein starker Senat – die von den nationalen Regierungen beschickten

Europäischen Räte. Gleichzeitig Fusion des Rats- und Kommissionspräsidenten als Chef der EU-Regierung, die aus den Kommissionsmitgliedern gebildet wird.
Neben der Attraktivierung der österreichischen EU-Wahlen (der Umgang mit Vorzugsstimmen gehört auch dazu) wäre es natürlich höchst wünschenswert, wenn es EU-weite Referenden gäbe, bei denen die doppelte Mehrheit zählt (Mehrheit der Stimmen und der Staaten).
Die Umfragen zeigen, dass seit Ausbruch der Wirtschaftskrise die Zustimmung zur EU sowie zu mehr Kompetenzen für die EU steigt. Die EU und alle Pro-EU-Gesinnten sollten daher in einer Allianz für Europa mit kluger Strategie die Chance der Krise für eine bessere Verankerung der EU in Herzen und Hirnen der Menschen nützen.

Lebenslüge Neutralität

Im Zusammenhang mit aufrichtiger Europa-Politik ist es auch angebracht, mit der zur österreichischen Staatsdoktrin erhobenen Lebenslüge Neutralität aufzuräumen.
Lebenslügen sollen auch im privaten Leben davor schützen, sich mit möglicherweise unangenehmen Einsichten auseinander setzen zu müssen. Wenn man sie nur lange genug verinnerlicht, werden sie als sehr bequem und sympathisch empfunden. Diese will man sich auch nicht zerstören lassen und man hofft, dass die Stunde der Wahrheit nie kommen möge.
Das gilt auch für Gesellschaft, Staat und Politik. Einige der österreichischen Lebenslügen lauten: Unsere Pensionen sind ungeachtet der Demografie und des Pensionsantrittsalters sicher. Oder: Jeder kann gratis studieren.
Europapolitisch besonders ärgerlich ist die Lebenslüge, Österreich sei durch die Neutralität vor allen Konflikten geschützt und

auf der ganzen Welt als Vermittler beliebt – mit dem angenehmen Nebeneffekt, dass für die Landesverteidigung möglichst wenig Geld ausgegeben werden müsse. Es gilt als Sakrileg, dies zu entlarven – das musste schon Alt-Bundeskanzler Wolfgang Schüssel erkennen, als er 2001 die Neutralität mit den Mozartkugeln und den Lipizzanern auf eine gemeinsame Ebene der liebenswürdigen alpenländischen Traditionspflege stellte.

Niemandem soll mutwillig ein Mythos oder ein Identitätsmerkmal weggenommen werden, aber eine gewisse Aufrichtigkeit bei der Beantwortung etwa folgender Fragen wäre vielleicht angebracht:

Hat sich Österreich wirklich aus Überzeugung 1955 zur Neutralität bekannt oder war dies eigentlich der Preis dafür, dass Moskau seine Truppen aus Österreich abzieht und wir den Staatsvertrag erhalten, der heute ebenfalls weitestgehend obsolet ist? Der letzte noch lebende Zeitzeuge der Staatsvertragsverhandlungen Ludwig Steiner hat in einem Interview anlässlich des 65. Jahrestages der Unterzeichnung des Staatsvertrages am 15. Mai 2010 in der *Kleinen Zeitung* darauf aufmerksam gemacht, dass im Jahr 1955 „vor der Neutralität … alle Österreicher Angst gehabt" (haben). Vor allem die Führung der SPÖ war höchst neutralitätsskeptisch, während ÖVP-Bundeskanzler Julius Raab, dessen Sekretär der spätere Spitzendiplomat und Politiker Steiner war, für diese „nach Schweizer Muster" warb. Später kehrten sich die Rollen um und SP-Spitzenexponenten wurden zu Gralshütern der Neutralität.

Hat uns die Neutralität tatsächlich zwischen 1955 und 1989 vor einer sowjetischen Aggression geschützt oder war dies nicht eher die mitteleuropäische Präsenz der unpopulären NATO? Hat die zunächst von ihr bekämpfte Neutralität nicht dann jahrelang für die SPÖ als Begründung herhalten müssen, dass wir erst 1989 einen Aufnahmeantrag an die EU stellen konnten, deren Vorgängerorganisation bereits 1957 gegründet wurde?

Der steirische Landeshauptmann Josef Krainer I. hatte schon 1963 für die europäische Integration Österreichs mit der plakativen Formel „Nicht in der Neutralität verhungern" geworben. Wie ist die Feststellung des Neutralitätsgesetzes, Österreich „wird in aller Zukunft keinen militärischen Bündnissen beitreten", mit der NATO-Option in der 2001 im Parlament beschlossenen österreichischen Sicherheitsdoktrin vereinbar?
Wie ist sie vor allem mit dem 1998 beschlossenen Artikel 23 f der Bundesverfassung vereinbar, wonach Österreich ohne Beschluss des UNO-Sicherheitsrates an „Kampfeinsätzen bei der Krisenbewältigung einschließlich friedensschaffender Maßnahmen" und an der „Festlegung einer gemeinsamen Verteidigungspolitik" der EU-Staaten mitwirken kann?
Bezeichnenderweise heißen jene Truppenkontingente, die die EU gemeinsam aufstellen und für die auch Österreich Soldaten stellen will, *battlegroups* – kein sehr friedlich klingender und neutralitätskompatibler Begriff.
Ludwig Steiner betonte im bereits zitierten Interview, dass die Neutralität „keine wirkliche Funktion mehr hat", dass er sie aber nicht abschaffen würde, weil „das würde einen politischen Wirbel auslösen". Im selben Interview bezeichnete er den Staatsvertrag als „ein museales Stück – mit Ausnahme des Teils über die Kärntner Slowenen." Auch das ist zu unterstreichen.
Insgesamt gilt: Solidarität ist besser als Neutralität.

Ein Berufsheer und ein „soziales Jahr"?

Eine ehrliche Befassung mit dem Thema Neutralität führt aber auch geradewegs zur Frage der österreichischen Landesverteidigung. Gegen wen soll sich Österreich heute verteidigen? – Es ist umzingelt von EU-Mitgliedern bzw. der Schweiz und Liechtenstein. Wäre es da nicht viel ehrlicher, sich in eine künftige

EU-Verteidigungspolitik zu integrieren und sich auf einzelne Waffengattungen zu spezialisieren? Dann bräuchte man nicht mehr fruchtlose Diskussionen über angeblich viel zu teure Abfangjäger oder fehlende Mittel in anderen Bereichen zu führen. Ernst Sittinger schrieb in der *Kleinen Zeitung* am 20. Juni 2010 von der „Illusion eines Potemkin'schen Kulissenheeres". Es ist auch die Frage zu stellen, ob angesichts der beiden verbleibenden Kernaufgaben des Bundesheeres – Katastrophenschutz und spezialisierte Auslandseinsätze – ein Berufsheer nicht viel sinnvoller wäre. Mit der Perspektive einer künftig stärkeren europäischen Kooperation und Spezialisierung, da es in vielen EU-Staaten Diskussionen über die Zukunft der Wehrpolitik gerade auch angesichts der Budgetnöte gibt. Die Dienstpflicht junger Männer – eventuell auch junger Frauen – müsste und sollte deshalb nicht wegfallen. Es tun sich viele – vor allem soziale – Aufgaben von der Kinderbetreuung bis zur Pflege auf. Und gesellschaftlich ist es wohl äußerst wünschenswert, wenn der soziale Zusammenhalt und der Solidaritätsbegriff in der Jugend gefördert werden.

Kapitel 7

Medien sind für die Demokratie systemrelevant

Medien werden oft – zusätzlich zu Legislative, Exekutive und Judikative – als die „vierte Gewalt" in der Demokratie bezeichnet. In der Tat haben sie eine eminente demokratie- und kulturpolitische Bedeutung. Es besteht sicherlich eine Korrelation zwischen Medienlandschaft und politischer Kultur eines Landes.

Das Informationszeitalter bringt großartige, vorher nicht gekannte Chancen, es birgt andererseits aber auch Gefahren nicht geringer Natur in sich. Es ist von einer neuen Unübersichtlichkeit geprägt. Wir drohen in einer Informationsflut zu ertrinken, müssen uns ständig durch den vor allem auch von Junk-Mails verursachten Müll an Informationen, die vielfach ungesichert und ungefiltert sind, durcharbeiten und diesen entsorgen. Sachverhalte sind oft ungemein komplex und undurchsichtig. Die ungeheure Beschleunigung und Schnelllebigkeit nötigen uns oft Antworten und Entscheidungen unter Termindruck und auf Basis mangelnder Reflexionsmöglichkeit und unvollständiger Information ab. Viele Menschen sind *overnewsed* und *underinformed*.

Eine der großen Gefährdungen unserer Gesellschaft und Demokratie ist die Kurzatmigkeit. Das Schielen auf Schlagzeilen des Tages, kurzlebige Moden und Hypes drohen Entscheidungen zu beeinflussen, die langfristig wirken.

Auch die grob verfälschende Verkürzung und Simplifizierung komplexer Sachverhalte oder die schnelle (Vor-)Verurteilung enthalten beachtliches Negativpotenzial. In diesem Zusammenhang kommt Medien eine besondere Verantwortung zu, die nicht selten nur unzureichend wahrgenommen wird. Opportunismus, Populismus, Demagogie, Alarmismus und Hysterisierungen, aber auch Verharmlosungen und Bedienung von Vorurteilen und schablonenhafte Einordnungen zählen ebenfalls zu Bedrohungen im Konnex mit der „informationellen" Revolution, die an Wirkmächtigkeit der industriellen Revolution, die sie abgelöst hat, um nichts nachsteht. Autoren wie Frank Schirrmacher in seinem Bestseller *Payback* weisen sogar auf die Gefahr hin, dass die Technologie den Menschen, vor allem den Rhythmus seines Lebens und Denkens, beherrscht.

Obszönitäten, grobe Missachtung der Menschenwürde und des Persönlichkeitsschutzes und Grenzüberschreitungen durch Paparazzi-Journalismus und anonyme Internetpostings sind leider immer wieder erkennbar – auch als eine, allerdings unentschuldbare, Folge des Voyeurismus weiter Teile unserer Gesellschaft, der auch von so manchen Medien bedient wird. Allzu oft gibt es auch Tendenzen zur Hysterisierung und die Versuchung, durch Kampagnisierung selbst Politik zu machen, genauso wie die verhängnisvolle Kumpanei mit der Politik, die glaubt, sich anbiedern und auf dem Boulevard erfolgreich prostituieren zu können – um den allzu hohen Preis mangelnder Nachhaltigkeit und des Verlustes von Selbstachtung. Mehr Haltung und Sensibilität, die Bereitschaft zu Selbstreflexion, Selbstkritik und Selbstkontrolle sind gefordert, wenn man schon nicht so hehre Begriffe wie Demut, Moral und Ethik bemüht.

Orientierung und Bildung gefordert

Es handelt sich aber vor allem auch um eine Frage der Bildung und Ausbildung. Die Mediatisierung der Politik, die einher geht mit der Erosion und schwindenden Wirkkraft von Großorganisationen wie Parteien und Verbänden und mit der ungeheuren Beschleunigung von (Teil-)Informationen und vermeintlichem Handlungsbedarf, verlangt danach gebieterisch.
Bildung und Wissen sind daher heute Schlüsselressourcen – auch zur sicheren Navigation durch die schier unendlichen Universen der Informationsgesellschaft.
Orientierung, die Fähigkeit zu vernetztem und differenziertem Denken sowie eine gesamthafte Perspektive sind dafür besonders wertvoll.
Auf die entscheidende Bedeutung, die der politischen Bildung und den Medien zukommt, weist auch der deutsche Altbundeskanzler und *Zeit*-Herausgeber Helmut Schmidt hin, wenn er sagt: „In einer Zeit der globalen Medienüberflutung stehen wir in der Verantwortung, unseren Kindern den richtigen Umgang mit den vielfältigen Medien zu zeigen. Nur wer zwischen populistischer Meinungsmache und seriösem Journalismus unterscheiden kann, ist in der Lage, sich ein fundiertes Urteil zu bilden und demokratisch zu handeln." Die Senkung des Wahlalters auf 16 in Österreich – weltweit ziemlich einzigartig, aber als ein Gegengewicht zur Überalterung der Gesellschaft und damit zu einer vielleicht zu seniorenlastigen und zu wenig jugendorientierten Politik vielleicht sinnvoll – macht die gewachsene Bedeutung von politischer Bildung und Medienerziehung in Österreichs Schulen noch deutlicher.
Der Philosoph und Bestsellerautor Richard David Precht hat im Herbst 2009 vor einem Medienkongress in München richtigerweise betont, dass die Zeitungen für Demokratie und Gesellschaft mindestens so systemrelevant seien wie Banken für das

Wirtschaftssystem. Zeitungen müssten deshalb in Krisenzeiten gestützt werden. Nur so könne die Gesellschaft verhindern, dass die Öffentlichkeit durch das Internet zersplittert werde und nur mehr in Nischen diskutiere.
Precht spielt mit dieser Aussage darauf an, dass die globale Wirtschaftskrise den Zeitungen international stark zugesetzt hat, dass der Spardruck vielfach auf Kosten der Qualität geht, dass die traditionellen print- und audiovisuellen Medien insgesamt Reichweiten verlieren und der Zulauf vor allem jüngerer Schichten zum Internet rasant ist.

Mediennutzung in Österreich – Internet im rasanten Vormarsch

Wie sieht nun die Mediennutzung in Österreich aus?

(Angaben in Prozent)

	Alle ab 14 Jahren			**14–19 Jahre**			**20–29 Jahre**		
Medium	2009	2007	2000	2009	2007	2000	2009	2007	2000
Zeitungen	75,0	70,0	75,7	64,0	58,3	69,3	69,9	64,8	72,9
Radio	82,2	83,0	85,1	76,1	77,8	85,8	76,1	77,9	88,0
Fernsehen	61,8	64,2	77,9	44,3	50,5	77,1	41,8	42,6	71,9
Internet	45,8	40,4	13,2	75,4	66,7	23,3	68,8	62,6	20,9

Quellen: Plaikner Public, Media-Analyse 2009

Die ungewöhnliche Zunahme des Zeitungskonsums von 2007 bis 2009 erklärt sich durch die Aufnahme der Tageszeitung *Österreich* und der im Wiener Raum besonders erfolgreichen Gratis-Tageszeitung *heute* in die Media-Analyse, die die wichtigste Messgröße des Mediennutzungsverhaltens in Österreich ist.
International gibt es einen stark rückläufigen Trend des Tageszeitungskonsums, wie er sich wohl auch in Österreich vor allem bei den jüngeren Bevölkerungsschichten abzuzeichnen scheint. Im TV-Bereich ist dieser Effekt bereits in aller Dramatik spürbar,

wie die Zahlen der obigen Tabelle zeigen – etwa bei den 14- bis 19-Jährigen ein Rückgang von 77,1 auf 44,3 Prozent innerhalb eines Jahrzehnts. Es wird daher immer wieder die Behauptung aufgestellt, das Internet sei das Leitmedium der Jugend – auch im Blick etwa auf soziale Netzwerke. Facebook z. B. verzeichnete in Österreich im April 2010 bereits mehr als zwei Millionen aktive Mitglieder, 88 Prozent der Teenager sind angeblich täglich auf sozialen Netzwerken aktiv.

Es gilt also ein echtes *digital divide* zwischen jüngeren und gebildeteren, die das Internet immer intensiver nutzen, und älteren Bevölkerungsgruppen, was eine nicht geringe demokratie-, medien- und kulturpolitische Herausforderung darstellt.

Das klassische Fernsehen ist zwar noch immer ein überaus reichweitenstarkes Leitmedium, bedient aber vor allem ältere Semester. Während 2009 12- bis 29-Jährige im Durchschnitt täglich 84 Minuten fernsahen, waren es bei 50- bis 59-Jährigen 193 Minuten und bei über 60-Jährigen sogar 235 Minuten.

Öffentlich-rechtliches Fernsehen wird mittlerweile oftmals schon abschätzig als Freizeitbeschäftigung für die „Kukident-Generation" bezeichnet. Sogar ORF-Fernseh-Programmintendant Wolfgang Lorenz sagte in einem Interview in der *Presse* vom 26. Juni 2010: „Aber auch beim Zweier, der gut läuft, müssen wir schauen, dass er uns mit dem etwas älteren Publikum nicht ausstirbt."

MMM als Antwort auf WWW

Eine Umfrage aus dem Frühjahr 2010 hat ergeben, dass bereits 53,2 Prozent der Österreicher zumindest fallweise Inhalte der Tageszeitungen im Netz lesen, wobei Akademiker und Jugendliche überrepräsentiert sind.

Es sei aber vor einem Fehlschluss gewarnt: Es kommt nicht so sehr auf die Vertriebsform (Zeitung, Fernsehen, Internet), sondern auf die Inhalte, den sogenannten *Content* an, um die Wirkmächtigkeit von Kommunikation zu beurteilen. Fest steht jedenfalls, dass insbesondere die Politik gut beraten ist, sich mit dem Medium Internet intensiv auseinander zu setzen. Der Obama-Wahlkampf in den USA wird immer wieder als erfolgreiches Beispiel genannt.

Der relative Erfolg der quasi aus dem Nichts entstandenen und eigentlich nur im Netz beworbenen Piratenpartei bei der deutschen Bundestagswahl 2009 (850.000 bzw. zwei Prozent der Stimmen) oder der Zulauf für über *Facebook* organisierte Demonstrationen weisen auch darauf hin. Traditionelle Parteien und Medienhäuser können die Community aber nicht mit ganz traditionellen Methoden erreichen, sondern müssen adäquat auftreten. „Alter Wein in neuen Schläuchen" ist nicht attraktiv genug. Manche digitale Anbiederung wirkt peinlich.

„Content is the key". Moderne Medienhäuser sehen sich daher als *Content Companies.* Audio-visuelle und Printmedien bemühen sich um attraktive Internetauftritte, Kaufzeitungen legen sich Gratis-Zeitungen zu, die – wie *heute* in Wien zeigt – in den öffentlichen Verkehrsmitteln (U-Bahn etc.) die Jugend erreichen.

Die einzig nachhaltig Erfolg versprechende Antwort auf das WWW (World Wide Web) heißt – zufällig spiegelbildlich – MMM, so Horst Pirker, der dynamische und höchst erfolgreiche CEO der *Styria Media Group,* der national und international auch führend in den großen Interessenverbänden der Zeitungen engagiert ist. MMM steht für Multimedia (Texte, Töne, Bilder), Multichannel (Papierlogistik, Kabel, WAP, GPRS, UMTS, Satellit etc.) und Multiplattform (Papier, TV, PC, Laptop, Mobile etc.), also für inhaltliche Angebote, die alle Darstellungsformen (Multimedia), alle Verbreitungswege (Multichannel) und alle Trägermedien (Multiplattform) nutzen, und zwar mit Blick auf klar beschriebene Zielgruppen und den jeweils relevanten Mehrwert.

Schlüsselrolle der Journalisten

Eine Schlüsselrolle in diesem Prozess der Orientierung und der Content-Bewertung und Auswahl nehmen die Journalisten ein – ein Beruf, der ohnehin, wie der der Politiker, tief unten im Sozialprestige steht, aber genauso unverzichtbar ist.

Die österreichische Journalistenlegende Hugo Portisch beschreibt den Beruf des Journalisten so: „Die Aufgabe der Medien ist es, Wachhund der Nation zu sein, den Regierenden auf die Finger zu schauen, Rechtsbrüche aufzuzeigen, Korruption zu bekämpfen. Dafür haben sie den interessantesten, aufregendsten, befriedigendsten Beruf, den man überhaupt haben kann. Der Journalist kann vom Sandler bis zum König mit allen reden, sie befragen, über sie berichten. Und er kann sein Wissen mit einem großen Publikum teilen. Ein größeres Privileg kann es gar nicht geben."

Ähnlich äußert sich beispielsweise auch der langjährige *Spiegel*-Chefredakteur Stefan Aust:

„Der Journalismus ist ein ganz wunderbarer Beruf, weil er einem die Möglichkeit gibt, in alle Bereiche der Gesellschaft hineinzugucken."

Und schon im bereits zitierten Klassiker Max Webers, *Politik als Beruf,* wird auf die objektiven Schwierigkeiten des Berufs hingewiesen: „Gerade an den erfolgreichen Journalisten werden besonders schwierige innere Anforderungen gestellt. Es ist durchaus keine Kleinigkeit, in den Salons der Mächtigen der Erde auf scheinbar gleichem Fuß, und oft allgemein umschmeichelt, weil gefürchtet, zu verkehren und dabei zu wissen, dass, wenn man kaum aus der Tür ist, der Hausherr sich vielleicht wegen seines Verkehrs mit den ‚Pressebengeln' bei seinen Gästen besonders rechtfertigen muss. Wie es erst recht keine Kleinigkeit ist, über alles und jedes, was der ‚Markt' gerade verlangt, über alle denkbaren Probleme des Lebens, sich prompt und dabei überzeugend äußern zu sollen, ohne nicht nur der absoluten Verflachung, sondern vor allem der Würdelosigkeit der Selbstentblößung und ihren unerbittlichen Folgen zu verfallen. Nicht das ist erstaunlich, dass es die vielen menschlich entgleisten oder entwerteten Journalisten gibt, sondern dass trotz allem gerade diese Schicht eine so große Zahl wertvoller und ganz echter Menschen in sich schließt, wie Außenstehende es nicht leicht vermuten."

Die österreichischen Printmedien – ein hoher Konzentrationsgrad

Mit Stand Frühjahr 2010 erscheinen in Österreich 16 Kauftageszeitungen, während es in der Schweiz über 80, in Norwegen 78, in Schweden 94, in Finnland 53, in Tschechien 65, in Griechenland 42 und in Deutschland 347 sind. Verschärft wird diese Situation noch durch einen hohen Konzentrations- und Verflechtungsgrad. So sind die mit Abstand reichweitenstärkste österreichische Tageszeitung, die *Kronen Zeitung*, deren Verbreitungsdichte auch weltweit nahezu einzigartig ist, und der *Kurier*, die vor einigen Jahren laut Media-Analyse noch dritt-, heute viertgrößte Tageszeitung Österreichs, mit einem Marktanteil von über 50 Prozent über die *Mediaprint* verbunden und stehen je zur Hälfte im Eigentum der deutschen *WAZ*-Gruppe *(Westdeutsche Allgemeine Zeitung)*. Über die an *Mediaprint* und *Kurier* beteiligte Raiffeisengruppe besteht weiters eine maßgebliche Beteiligung an der Verlagsgruppe *News*, die mit *News, profil, Format, trend* etc. den Markt der meinungsbildenden Magazine weitgehend beherrscht.

Entwicklung der nationalen Reichweiten der österreichischen Tageszeitungen

Titel	1990 in %	2000 in %	2009 in %	2009 in Tsd.
Der Standard	3,8	5,7	5,6	394
Die Presse	3,3	5,4	3,7	262
Kleine Zeitung gesamt*	10,5	12,5	12,1	858
Kronen Zeitung	42,6	43,4	40,4	2853
Kurier	14,9	11,8	8,7	618
Neue Kärntner TZ	1,6	1,2	0,9	64
Neue Vorarlberger TZ	1,5	0,8	0,6	40
OÖ Nachrichten	4,9	5,6	4,6	322
Salzburger Nachrichten	3,4	4,5	3,7	262
Tiroler Tageszeitung	4,2	5,2	4,7	331
Vorarlberger Nachrichten	2,8	3,6	2,8	200
Wirtschaftsblatt	-	1,3	1,2	81
Österreich	-	-	9,5	671
Heute	-	-	10,1	711

* Graz+Klagenfurt

Leser ab 14 Jahren. Zusammengestellt aus den Jahresberichten des *Verbandes Österreichischer Zeitungen (VÖZ)*. Näheres unter www.voez.at und www.media-analyse.at. *Wiener Zeitung, Neues Volksblatt, Salzburger Volksblatt* nehmen nicht bzw. nicht regelmäßig an der Media-Analyse teil. *Wirtschaftsblatt* erscheint erst seit 1995, *Österreich* seit 2006 und *heute* seit 2004. Die Bundesländerzeitungen haben in den Erscheinungsbundesländern meist die Marktführerschaft. *heute* erscheint in Wien, Niederösterreich und Oberösterreich.

ORF-Marktanteile fast halbiert – das Match mit den Privaten

Der ORF mit seinen Fernseh- und Radioprogrammen hatte lange eine Monopolstellung inne, die erst langsam mit der immer stärkeren Versorgung der Haushalte durch Kabel- und Satellitenempfänger und der Zulassung des Privatfernsehens in Deutschland 1984 aufgeweicht wurde. Dennoch herrschte bis 2001 in dieser Frage Stillstand in der heimischen Politik. Bis sich die erste Schüssel-Regierung an eine ORF-Gesetznovelle wagte – sowie an ein Privat-TV-Gesetz und an die Schaffung der Medienbehörde *KommAustria* mit der *RTR (Rundfunk- und Telekom-Regulierungs GmbH)* als Geschäftsapparat. Die Zögerlichkeit und Säumigkeit der Politik – der ORF ist einfacher politisch zu beeinflussen als unberechenbare Private – führten dazu, dass erst 2004 mit *ATV plus* das erste österreichische bundesweite private TV-Programm auf Sendung ging. Nur in lokalen Kabelversorgungsgebieten wurden schon einige Jahre früher regionale Angebote erlaubt. Das hatte zur Konsequenz, dass das österreichische Publikum, zu zwei Drittel mit Kabel und Sat-Schüsseln versorgt, neben dem ORF eine große Zahl deutscher TV-Sender konsumierte und ein österreichischer Privatanbieter kaum relevante Reichweiten erzielen und den ökonomischen *Break-even* erreichen kann.

Der Fernseh-Markt 2009 – Marktanteile

Sender	**2009**
ORF ges.	39,1
ORF 1	15,2
ORF 2	24,0
Sat.1	7,1
RTL	5,9
Pro Sieben	4,6
VOX	4,5
ATV	3,6
RTL II	2,4
Kabel eins	2,8
Super RTL	1,7
ARD	3,4
ZDF	4,0

Marktanteile in %, Erw. 12+, Kabel Sat-HH. 2009: Quelle: GfK Teletest

Insgesamt haben sich die Marktanteile des ORF im Fernsehen von 77 Prozent im Jahr 1991 auf 39 Prozent 2009 fast halbiert. Hand in Hand mit den Reichweitenverlusten des ORF gingen auch die deutlichen Rückgänge am Werbemarkt. War vor einigen Jahren noch das Verhältnis Werbeeinnahmen zu Gebühren 50:50, sind für 2010 530 Millionen Euro Gebühren, nur mehr 208 Millionen Werbung und 110 Millionen sonstige Einnahmen veranschlagt.

Die ORF-Führung versucht, die dramatischen Marktanteilverluste mit Programmreformen zu bekämpfen, die einerseits den ORF gegenüber privaten Anbietern immer verwechselbarer machen und andererseits erfolglos bleiben. So wurde 2007 die Durchschaltung der *Zeit im Bild* um 19.30 Uhr abgeschafft. Und es wird heute mit Entertainment-Produktionen wie *Chili,* die es in jedem Privatsender gibt, und nicht mit Dokumentationen, wie sie früher etwa Hugo Portisch mit *Österreich 1* und *Österreich 2* gestaltete, oder mit *Universum*-Sendungen, die allesamt Qualität und Quote vereinen, geworben. (Das als tolle Innovation beworbene *Chili* war 2010 genauso ein teurer Quotenflop wie die 2007 nach wenigen Wochen eingestellte Sitcom *Mitten im Achten,* was damals als Kernstück der größten Programmreform aller Zeiten gepriesen wurde – ein klarer Hinweis darauf, dass der ORF nicht Privaten hinterherhecheln, sondern unverwechselbar sein soll.)

Am stärksten traf der Reichweiten- und Marktanteilsverlust das Programm ORF 1, das vielfach nur mehr als Abspielmaschine US-amerikanischer Serien empfunden wird. Eine von der österreichischen Rundfunk- und Telekombehörde RTR in Auftrag gegebene Studie, die alle größeren privaten und öffentlich-rechtlichen Programme Deutschlands, Österreichs und der Schweiz verglich, konstatierte schon Anfang 2007: „ORF 1 ähnelt vom Gesamtlayout eher einem privaten Programm. Mehr noch: Kein anderes Programm in der Analyse hat einen so geringen Infor-

mationsanteil." (Jens Woelke: *TV-Programmanalyse – Fernsehvollprogramme in Österreich 2006.* Schriftenreihe der RTR) Und der Trend hält an.
Eine gewisse Unverwechselbarkeit gegenüber kommerziellen Anbietern aber ist der Kern der Gebührenlegitimation für einen öffentlich-rechtlichen Veranstalter.
Natürlich bestimmen die Art der Medien und die Konkurrenzsituation die Inhalte und ihre Aufbereitung mit. Zukunftspessimisten wie Neil Postman schrieben mit Blick auf Privat-TV schon in den 1980er Jahren Bestseller wie etwa *Wir amüsieren uns zu Tode.* Buchtitel der letzten Jahre heißen *Seichtgebiete – Warum wir hemmungslos verblöden* oder *Dummgeglotzt. Wie das Fernsehen uns verblödet.*
Ein profilierter und breitenwirksamer öffentlich-rechtlicher Rundfunk ist daher für die österreichische Demokratie in einem dualen System genauso systemrelevant, wie es die Pluralität und Qualität am Printmediensektor und wohl auch am Onlinesektor sind. Es geht nicht um einen verklärend nostalgischen Blick auf eine unwiederbringliche Vergangenheit, aber wenn Vorschläge zur Sicherung und Zukunftsorientierung eines starken öffentlich-rechtlichen Rundfunkveranstalters erstattet werden, muss die Genesis des unabhängigen ORF als Beispiel herangezogen werden.
Durch das von unabhängigen Zeitungen getragene Rundfunkvolksbegehren wurden in den 1960er Jahren Hörfunk und Fernsehen dem unverschämten inhaltlichen und personellen – im Proporz erfolgenden – Zugriff der damaligen *GroKo* entzogen. Durch ein neues Gesetz und damit geschaffene neue Strukturen konnte eine kraftvolle neue Führung installiert werden. Gerd Bacher und sein Team machten den ORF zu einem internationalen Modell eines öffentlich-rechtlichen Senders, der eine unverwechselbare Stimme österreichischer Identität mit mitteleuropäischer Wirkung wurde und auch zu einer wesentlichen Belebung des politischen Diskurses in Österreich beitrug. Hohe

Qualität der Programmgestaltung und Information zeichneten den ORF, der auch der bedeutendste österreichische Kulturveranstalter ist, in seinen besten Jahren aus. Gerade auch der großartige Aufbruch unserer Nachbarn zu Demokratie und Freiheit und der folgende europäische Einigungsprozess in den Jahren seit 1989 haben nicht wenig mit dem Wirken des Bacher-ORF zu tun. Denn der ORF war in den Nachbarregionen Österreichs gut empfangbar und für viele Menschen in den „Ostblock-Diktaturen" das Fenster zu Welt. Vor allem pflegte der Bacher-ORF mit einem dichten Korrespondenten-Netz, eigenen Sendungsformaten und Star-Kommentatoren wie Paul Lendvai oder Barbara Coudenhove-Kalergi die von Sympathie für die demokratischen Kräfte und vormaligen mutigen Dissidenten getragene ausführliche Berichterstattung.
Ganz entscheidend sind die Rahmenbedingungen zur Förderung des *Public Value* im dualen System und zur bestmöglichen Absicherung eines starken, qualitätvollen unverwechselbar öffentlich rechtlichen ORF als elektronisches Leitmedium gegen politischen Einfluss. Die dauernden personellen Umfärbungsversuche nach jedem Regierungswechsel und die Domestizierungsmaßnahmen wie Gebührenverweigerung während der Legislaturperioden sind ein Krebsübel, die die Kontinuität einer gesunden Zukunftsentwicklung des ORF gefährden.

Elf Diskussionsvorschläge

Da auch die ORF-Novelle 2010 dafür keine befriedigenden Antworten gibt, seien folgende elf Diskussionsvorschläge für die ORF- und Medienpolitik skizziert:

- Die ORF-Gebühr wird in eine allgemeine Rundfunkgebühr umgewandelt, die auf die Haushalte abzielt und nicht auf den ORF-Empfang, vor allem auch nicht allein auf ein TV-Gerät, da ja viele Videoinhalte mittlerweile über PCs und Smartphones empfangen werden. Dies ist eine logische Folge der immer wieder beschworenen Medienkonvergenz. Von dieser allgemeinen Gebühr erhält der ORF – sofern er seinen öffentlich-rechtlichen Auftrag erfüllt – den Hauptanteil, mit dem wesentlich kleineren Rest wird *Public Value* bei Privatanbietern gefördert – qualitätvolle Information, Kultur und Unterhaltung mit österreichischer Wertschöpfung.

- Der vielzitierte *Public Value* und die Gebührenlegitimation bzw. die Förderung öffentlich-rechtlichen *Contents* sind auch einem Monitoring durch eine weisungsunabhängige Medienbehörde bzw. Kommission zu unterziehen. Es ist eine Gesamtbetrachtung der Medienförderung – also inklusive Printmedien und eventuell Online-Medien – in Richtung Qualität und Pluralität anzustreben.
- Es ist dem ORF natürlich auch eine Entwicklungsmöglichkeit im Internet einzuräumen, da es zunehmend – im Gegensatz zum klassischen Fernsehen – von der Jugend genützt wird, wobei es insbesondere um genuin öffentlich-rechtliche Inhalte geht.
- Die Politik verzichtet nach der Erstnominierung des Aufsichtsgremiums für die unabhängige Medienbehörde und eines schlagkräftigen und sachkundigen ORF-Aufsichtsrates dauerhaft auf personelle Einflussnahme. Nachdem mit Zweidrittelmehrheit acht bis zehn ausgewiesene Medienfachleute jeweils für Medienbehörde und ORF bestellt werden, wird durch Verfassungsgesetz abgesichert, dass sich dieses Aufsichtsratsgremium künftig selbst ergänzt und erneuert. Im ORF ist dieser Aufsichtsrat das entscheidende Kontrollgremium – ungeachtet dessen, ob Stiftungs- und/oder Publikumsrat in welcher Zusammensetzung auch immer weiter bestehen.
- Der Staat gilt die Gebührenbefreiungen ab und stellt die in den Budgets versickernden Teile der eingehobenen Gebühren

der *Public Value*-Förderung zur Verfügung. Unter *Public Value*-Förderung sollten auch Präsentationsmöglichkeiten für zivilgesellschaftliche Initiativen und für zu Wahlen kandidierende Personen im Sinne einer demokratiepolitischen Chancengerechtigkeit und Vielfalt fallen.

- Weitgehender Verzicht auf TV-Werbung – entweder vollständig auf ORF 2 oder zumindest nach 20.00 Uhr.
- Garantie der Erhaltung der ORF-Landesstudios als Ausdruck der geistig-kulturellen Vielfalt und des lebendigen Föderalismus Österreichs, wobei diese verstärkt Teile des Gesamtprogramms je nach Profil produzieren – eventuell in Kooperation mit regionalen Medienhäusern.
- ORF-Programmreform im Sinne der Schärfung des öffentlich-rechtlichen Profils, z. B. anspruchsvolle Sendungen zwischen 19.00 und 22.00 Uhr, verstärkt österreichische Produktionen – auch mit Partnern, Frühstücksfernsehen, Nachrichten-, Kultur-, Doku-Kanäle etc.
- Aus für die Mitbestimmung des Betriebsrates bei der Wahl der ORF-Geschäftsführung.
- Überlegungen, ob ORF 1 und/oder Ö3 öffentlich-rechtlich repositioniert oder unter dem ORF-Dach (teil-)privatisiert werden – eventuell in einem Holdingmodell, nachdem beide Programme klar kommerziell ausgerichtet sind; Kooperationen mit bestehenden Privatanbietern und Medienhäusern.
- Flachere Hierarchien und neue Kollektivverträge im ORF: Je weniger der ORF von Werbung abhängig ist, umso mehr und besser kann er seinen öffentlich-rechtlichen Auftrag erfüllen und Qualität mit Quote verbinden. Vor allem angesichts der zunehmenden Kommerzialisierung und Boulevardisierung ist eine wirkungsvolle Förderung des *Public Value* aller Mediengattungen eine demokratie- und kulturpolitische Notwendigkeit.

Kapitel 8

Die Reformagenda für 2020

Die in den vorangegangenen Kapiteln angerissenen Fragen zeigen deutlich, dass es eine breit gefächerte Reformagenda für Österreich gibt. Wichtige Punkte müssten und sollten bis 2020 umgesetzt werden, wenn Österreich „zukunftsreich“ sein will. Der Abschluss eines solchen Erneuerungsprozesses wäre eine wünschenswerte und zukunftsorientierte Form, im Jahr 2020 den 100. Geburtstag der Bundesverfassung zu begehen. Der Chef des Österreichischen Instituts für Wirtschaftsforschung Karl Aiginger, dessen Haus seit Jahren umsetzungsreife und wohldurchdachte Vorschläge zu Reformen in wesentlichen Bereichen des Staates vorgelegt hat, schlug im Frühjahr 2010 einen „nationalen Zukunftspakt“ von Bund, Ländern, Gemeinden und Sozialpartnern vor.

Die wichtigsten Desiderate für eine solche Reformagenda in Form eines in einem Zukunftspakt durch- und umzusetzenden Masterplans werden im Folgenden zusammengefasst, wobei es bei dieser Aufzählung insbesondere um Demokratie- und Staatsreform geht und wichtige Bereiche wie die Sicherung der Sozialsysteme, Demografie, Integrationsfragen oder die Bildungsreform nur mitgedacht sind.

Festlegung der Aufgaben

Prioritär sind Aufgabenkritik und -festlegung. Welche Aufgaben müssen staatlich wahrgenommen werden, welche können privat – eventuell in *Private Public Partnerships* oder mit Förderung der oder lediglich nach Vorgaben und mit Kontrolle der öffentlichen Hand – erledigt werden? Welche Ebene erfüllt die Aufgaben: Europa, Bund, Länder, Gemeinden, Selbstverwaltungskörper? Das Subsidiaritätsprinzip sollte die Überlegungen leiten.

Europa

- Ganz entscheidend wird ein nachhaltiger EU-Kommunikationsprozess aller Gebietskörperschaften und der gesamten *civil society* inklusive Medien unter öffentlich wahrnehmbarer Einbeziehung der EU-Parlamentarier und mindestens des österreichischen Kommissionsmitglieds in den österreichischen Parlamenten sein.
- Aktive Mitwirkung der österreichischen Parlamente am EU-Prozess
- Attraktivierung der Europawahlen, Diskussion über europaweite Spitzenkandidaten, EU-Kommissionskandidaten (eventuell Kommissionspräsident und Ratspräsident – eventuell in Verbindung mit europäischen Referenden)

Wahlrechts- und Demokratiereform

- Wahlrechtsreform zur Verlebendigung der Demokratie in Richtung bessere Mehrheitsbildung und größere Persönlichkeitsorientierung
- Bürgermeisterdirektwahlen in allen neun Bundesländern

- Konzentration der Nationalrats-, Landtags-, Bürgermeister- und Gemeinderatswahltermine auf einen Tag – „Superwahlsonntag"; in den Zwischenphasen Ausbau der direkten Demokratie
- Ermöglichung der Distanzwahl – also einer reformierten Briefwahl und eines ausgereiften E-Voting-Systems –, um der zunehmenden Mobilität der jüngeren, aber auch den Bedürfnissen der älteren Wahlberechtigten Rechnung zu tragen
- Reißverschlusssystem bei der Erstellung von Listen für Wahlen in allgemeine Vertretungskörper
- Sorgfältiger Umgang mit Volksbegehren. Es ist jedenfalls – bei Missachtung der Volksbegehrens-Intention – eine Rückkoppelung mit Proponenten bzw. den Bürgern zu überlegen (Volksbefragung?). Überdies ist die Unterstützung von Volksbegehren zu erleichtern. Da es bei Volksbegehren nicht die Problemstellung des „geheimen Stimmrechts" gibt, sind hier besonders rasch auch die modernen elektronischen Möglichkeiten einzubeziehen.
- Forcierung von Elementen der direkten Demokratie – auch Volksbefragungen – auf der überschaubarsten politischen Ebene: der Gemeindeebene
- Stärker Nutzung der Möglichkeiten des Internets zur Bürgermitbestimmung – Internetforen (Digitaldemokratie – E-Demokratie)

Verfassungsreform im Licht der europäischen Integration

- Die europäische Integration hat fundamentale Auswirkungen auf das politische Gefüge. Österreich braucht eine umfassende Verfassungsreform, nicht zuletzt um den neuen europäischen Gegebenheiten Rechnung zu tragen. Vor allem auch der

Vertrag von Lissabon fordert dazu heraus, dass sich die nationalen Parlamente neu positionieren müssen, wenn sie in europäischen Angelegenheiten wirksam mitgestalten wollen.

- Schaffung einer einheitlichen und übersichtlichen Verfassungsurkunde. Gegenwärtig sind hunderte Verfassungsbestimmungen in zahlreichen Gesetzen verstreut und zersplittert.
- Die erneuerte Bundesverfassung sollte erstmals auch einen Grundrechtskatalog enthalten. Es sollte ihr auch eine Präambel vorangestellt werden, die die grundlegenden Wert- und Zielvorstellungen des demokratischen Bundesstaates Österreich feierlich zum Ausdruck bringt. Die Rechte und Würde des Menschen von der Geburt bis zum Tod sind zu verankern.
- Eine geschlechterverträgliche und allgemein verständlich formulierte Verfassungsurkunde. Der gegenwärtige Bundesverfassungs-Stammtext aus dem Jahr 1920 ist noch tief im männerdominierten Denken und ebensolchen Begriffen verwurzelt.
- Neuordnung der Aufgaben im Bundesstaat. In einer modernen bundesstaatlichen Ordnung sollen die legislativen Aufgaben im Wesentlichen von der Bundesebene wahrgenommen werden, während im Gegenzug die autonome und bürgernahe Aufgabenerfüllung in einer effizienten und serviceorientierten Verwaltung durch Länder und Gemeinden gestärkt und teure Doppelgleisigkeiten abgebaut werden sollen.

Staatsreform und Föderalismus

Aufgaben- und Ausgabenverantwortung gehören daher in eine Hand. Es geht nicht an, dass die eine Gebietskörperschaft anschafft und die andere zahlen muss. Schrebergartenmentalität und ängstliches Besitzstanddenken müssen überwunden werden, wobei nach drei Grundsätzen vorzugehen ist:

- Subsidiarität und Föderalismus sind eine Zukunftsperspektive für die EU und ihre Mitgliedsstaaten angesichts der Globalisierung. Ein bürgernahes Europa kann nur ein Europa der Regionen sein.
- Föderalismus ist, wenn er richtig organisiert ist, moderner, bürgernäher, demokratischer und weniger krisenanfällig als Zentralismus.
- Föderalismus ist in Österreich nicht richtig und daher zu teuer organisiert. Das effiziente Optimum ist zu suchen.

Daraus leitet sich ab:

- Klare Kompetenzabgrenzungen: Gesetzgebungskompetenz im Sinne strategischer Steuerung beim Bund – operative und bürgernahe Aufgabenerfüllung bei Ländern und Gemeinden mit Schuldenbremse (auch betreffend Haftungen und ausgegliederte Gesellschaften)
- Neudefinition des Selbstverständnisses der Landtage als Foren der regionalen Meinungsbildung und Interessenvertretung gegenüber Bund und Europa – auch mit Staats- und Landesgrenzen überschreitenden Kooperationen (z. B. Euroregionen); Evaluierung der Kopfzahlen der Parlamente und Regierungen
- Länder und Gemeinden übernehmen im Sinne größtmöglicher Transparenz zur Erfüllung ihrer Aufgaben für einen Teil des Steueraufkommens – der durchaus bundeseinheitlich geregelt werden kann – die politische Verantwortung.
- Der gegenwärtig besonders intransparente Finanzausgleich ist nach nachvollziehbaren Kriterien wie etwa Einwohnerzahl, Fläche, Topografie (in manchen Ländern braucht man schlicht mehr „Zwergschulen", Mini-Kinderbetreuungseinrichtungen oder Verkehrswege) und überregionale Aufgaben (z. B. Uni-Kliniken, Kultureinrichtungen) zu gestalten.
- Die Ländermitwirkung an der Bundesgesetzgebung ist durch einen „Bundesrat neu" zu stärken – unter Einbeziehung der

Landeshauptleute und Landtage, eventuell auch Debatte über einen „General-Landtag“ (= gemeinsame Aktivitäten aller neun Landtage).

- Der „Bundesrat neu“ sollte auch die Länderstellungnahmen zu EU-Angelegenheiten formulieren. Der *Vertrag von Lissabon* eröffnet hier unter dem Schlagwort „Subsidiarität“ neue Möglichkeiten.
- Die Landtage könnten – etwa mit qualifizierter Mehrheit – auch die Landesvertreter im „Bundesrat neu“ zu einem bestimmten Abstimmungsverhalten anhalten und somit auch den zentralen Klubzwang durchbrechen.
- Ansiedelung von (neu geschaffenen) Bundesbehörden außerhalb des Wiener Zentralraums
- Die Infrastruktur im ländlichen Raum stärken und nicht ausdünnen – im Sinne einer gleichwertigen und ausgewogenen Entwicklung aller Regionen (Verkehrsverbindungen, Breitband, Post- und Polizeistellen etc.).

Parlamentarismus, Institutionen und Parteien

- Neupositionierung des Selbstverständnisses von National- und Bundesrat; keine ungesteuerte Gesetzgebungsmaschinerie – nicht mehr, sondern bessere und verständlichere Gesetze als Ziel
- Verstärkte Mitwirkung am nationalen EU-Meinungsbildungsprozess
- Aufgaben für Abgeordnete: Welche Rollenvertreter braucht ein Parlament? Mix aus klassischen, regional stark verankerten Volksvertretern und Fachleuten – was im Wahlsystem für eine bestimmte Zahl direkt gewählter und eine bestimmte Zahl über Parteilisten gewählter Mandatare spricht.

- Fortführung der Reform der parlamentarischen Kontrollrechte im Lichte der *neuen* Gewaltenteilung zwischen Regierungsmehrheit und Opposition
- Verstärkte Einsetzung von Enquetekommissionen bzw. Abhaltung von parlamentarischen Enqueten zu wichtigen Zukunftsthemen und langfristigen Fragen unserer Gesellschaft
- Lockerung des Klubzwangs
- Evaluierung von Funktionszeitbegrenzungen
- Diskussion über Unvereinbarkeitbestimmungen von politischem Mandat und Funktion in Interessenvertretungen
- Echte Gesetzesfolgenabschätzung mit dem Ziel der Vermeidung von Normen, die unanwendbar, zu teuer oder widersinnig sind, als eine der zentralen Aufgaben des Parlaments
- Evaluierung der Selbstverwaltung (Kammern und Sozialpartnerschaft). Eventuelle Ergänzung der Sozialpartnerschaft von Arbeitnehmern und Arbeitgebern durch die Aufnahme von nicht in starken Lobbys organisierten Gruppen, wie Konsumenten, Familien, Umweltgruppen, Behinderte, Bürgerinitiativen etc., wobei das niederländische Beispiel des SER (Sozial-ökonomischer Rat) mit in Betracht gezogen werden sollte.
- Förderung der innerparteilichen Demokratie durch Vorwahlen, Urabstimmungen etc.
- Das System der österreichischen Parteienfinanzierung transparent und nachvollziehbar gestalten.

Reform des Regierungs- und Verwaltungssystems

- Funktionsfähigkeit der Bundesregierung, Richtlinienkompetenz für Bundeskanzler, Ministerverantwortlichkeit
- Dauer der Funktionsperiode und Wahl des Bundespräsidenten, Abschaffung des Habsburger-Kandidaturverbots

- Einführung moderner Kostenrechnungsmethoden in der Verwaltung und öffentliche Rechnungslegungspflicht für die einzelnen Institutionen der öffentlichen Hand
- Transparenz aller Transferzahlungen, insbesondere auch der Geldflüsse vom Bund an die Länder, der öffentlichen Hand an Parteien (einschließlich Finanzierung von Parteiwerbung aus öffentlichen Mitteln) und der öffentlichen Hand an Medien
- Frage des Weisungsrechts gegenüber den Staatsanwälten im Lichte der Unabhängigkeit der Justiz
- Öffentliche Ausschreibung von Top-Positionen der öffentlichen Hand einschließlich der von ihr beherrschten Unternehmen und Organisationen, öffentliche Begründung dort getroffener Personalentscheidungen
- Verwaltungsreform als permanente Aufgabe, wobei das E-Government und eine weitere Vereinheitlichung der Back-Office-Services viele Möglichkeiten der kundenfreundlichen Einsparung eröffnen.
- Förderung von Gemeindekooperationen
- Diskussion über ein Berufsheer und ein allgemeines soziales Jahr
- Stärkere Integration von Aufgaben des Bundesheeres und des Diplomatischen Dienstes in die gemeinsame EU-Politik und Administration
- Harmonisierung der Dienst- und Pensionsrechte im öffentlichen Bereich sowie der Ausbildung für pädagogische Berufe, Überdenken des „Versetzungsschutzes“
- Einrichtung gemeinsamer Bürgerbüros, unabhängig von formalen Zuständigkeiten, Reduktion der Zahl der Bezirkshauptmannschaften
- Integrierte Gesundheits- und Sozialpolitik mit Überprüfung des Zusammenwirkens der Bereiche Prävention – niedergelassene Ärzte – Ärztekooperationen – Spitäler – Pflege, inklusive der Frage der Konstruktion der Sozialversicherung

Medien und politische Bildung als Fundament des demokratischen Diskurses

Den Medien kommt in der Demokratie eine zentrale Bedeutung zu. Ihre Vielfalt und Qualität sind das Fundament des demokratischen Diskurses. Dies ist auch ein entscheidendes Element des öffentlich-rechtlichen Auftrages des Rundfunks. Entsprechende fördernde Rahmenbedingungen sind zu schaffen.

Eine vitale Demokratie braucht informierte Bürger, die sich in ihre Angelegenheiten einmischen. Politische Bildung soll von der Schule beginnend die Urteilsfähigkeit des mündigen Bürgers stärken. Der Schule kommt mittlerweile noch größere Verantwortung in diesem Prozess zu, da das aktive Wahlalter auf 16 gesenkt wurde. Insbesondere sind die Medienkompetenz im Allgemeinen, der Umgang mit den neuen Medien im Besonderen zu stärken.

Bürgerbewegung und Konklave

Es gibt natürlich selten einfache Lösungen für komplexe Probleme, aber bei gutem Willen und mit etwas Mut wären sie bewältigbar.

Durch die vorgeschlagenen Reformschritte könnten auch Rahmenbedingungen geschaffen werden, die Bürgerin und Bürger – im Sinne von citoyenne und citoyen – ermuntern, sich wieder stärker und lieber für das Gemeinwesen zu engagieren. Gleichgültigkeit und Lethargie hingegen gefährden seine Grundlagen. Eine attraktive, stabile und zugleich dynamisch erneuerungsbereite Demokratie lebt von der Anteilnahme, Mitwirkung und Mitgestaltung möglichst vieler Aktivbürger.

Um dieses Ziel zu erreichen, ist zweierlei nötig – einerseits der möglichst massive öffentliche Druck der Zivilgesellschaft, andererseits verantwortungsbewusstes Handeln der Politik. Zivilgesellschaftliches Engagement kann vielfältig sein und von Internet-Initiativen über die Vernetzung verschiedenster Vereine und Gruppierungen bis hin zu Diskussionsforen in den Medien reichen. Idealiter könnte es in einer breiten österreichischen *Demokratiereform-jetzt*-Bewegung mit einem Volksbegehren münden. Jedem Einzelnen sollte bewusst sein, dass er einen Beitrag leisten soll und kann. Dieser ist auch objektiv selbst dann wertvoll und wichtig, wenn er subjektiv nur als klein eingeschätzt wird, sei es ein Leserbrief oder ein Posting. Bürgerrechtler können in Wendezeiten viel bewegen – und in einer solchen befinden wir uns. Sie können mit ihrer Zivilcourage unübersehbare und unüberhörbare Zeichen gegenüber dem Polit-Establishment setzen. Tatsächlich aber sollte seitens der Politiker ein Reformkonklave einberufen werden, dessen Ergebnisse schließlich von einer Bürgerbewegung begleitet und auch durch eine Volksabstimmung besiegelt werden könnten.

Bekanntlich hat im Herbst 2009 Finanzminister Vizekanzler Pröll ein solches Konklave zur Staatsreform angekündigt ein Konklave zur Staatsreform angekündigt. Es hat noch nicht stattgefunden, aber die Agendaliste und Tagesordnung wären damit skizziert.

Der Vorteil des Konklaves in Rom ist es, dass im Gegensatz zu einem Konvent schließlich weißer Rauch aufsteigen muss. Lasset uns hoffen, dass in Österreich der Weg vom Konvent zum Konklave führt, wobei nach dem 70-köpfigen Konvent ein fünfköpfiges Konklave reicht: die Bundesparteichefs von SPÖ und ÖVP, der Landeshauptmann von Niederösterreich, der Bürgermeister von Wien und der Präsident des Gemeindebundes. Lasset uns aus der Krise eine Chance machen. „Es ist unsere Pflicht Optimist zu sein." (Sir Karl Popper).

Es gilt das, was Ottokar von Horneck (eigentlich Ottokar aus der steirischen Gaal) am Beginn seines berühmten Monologes in

Franz Grillparzers österreichischem Nationaldrama *König Ottokars Glück und Ende* sagt: „Es ist ein gutes Land". Es ist lohnend und verpflichtend zugleich, für ein vor allem auch im globalen Vergleich wirklich „gutes Land" ernsthafte Reformanstrengungen zu unternehmen.
Österreich braucht Reformen – beginnend jetzt und umgesetzt bis 2020. Damit ein „gutes Land" zum 100-Jahr-Jubliäum der Bundesverfassung in guter Verfassung – in besserer Verfassung als heute – ist.

Danksagung

Besonderer Dank des Autors gilt Frau Herta Schrei, ohne deren Geduld und Sorgfalt die Redaktion des Buches nicht möglich gewesen wäre. Für wertvolle Unterstützung sei vor allem auch Herrn Kommerzialrat Hans Roth, Herrn Dr. h. c. Ernst E. P. Hochsteger, dem Landeshauptmann von Oberösterreich, Dr. Josef Pühringer und der Vereinigung Österreichischer Industrieller, speziell Herrn Vizegeneralsekretär Mag. Peter Koren, Herrn Mag. Christoph Neumayer und Frau Mag. Ingrid Schopf, aufrichtig gedankt.
Eine Karikatur vermag zu einem Thema oft viel mehr auszusagemn als viele Worte – daher ein großes Dankeschön an DI Arch. Markus Szyszkowitz für die Gestaltung der Cover-Karikatur.

Ausgewählte Literatur zum Thema

Studien:

Demokratie- und Verfassungs(reform) – Diskussionen in Österreich, Projekt Nr. 5584 des Jubiläumsfonds der Österreichischen Nationalbank, Projektleitung: Univ. Prof. Dr. Manfried Welan, Bearbeiter: Dr. Christian Schaller, Endbericht, Wien, November 1997.

Publikationen:

ARNIM, Hans Herbert von: Volksparteien ohne Volk. Das Versagen der Politik. C. München: Bertelsmann Verlag, 2009.
BRODA, Christian/Leopold GRATZ: Für ein besseres Parlament – für eine funktionierende Demokratie. Wien 1969/1970 (1. und 2. Auflage).
BUSEK, Erhard/Gerhard WILFLINGER (Hg.): Demokratiekritik – Demokratiereform. Wien: Arbeitsgemeinschaft zur staatsbürgerlichen Erziehung 1969.
CROUCH, Colin: Postdemokratie. Frankfurt am Main: Suhrkamp Verlag, 2008.
DETTLING, Warnfried (Hg.): Macht der Verbände – Ohnmacht der Demokratie? Beiträge zur Theorie und Politik der Verbände. München: Günter Olzog Verlag 1976.
DETTLING, Warnfried: Zeitenwende, Wendezeiten. Hannover: Lutherisches Verlagshaus, 2002.
DIEM, Peter/Heinrich NEISSER: Zeit zur Reform. Parteireform – Parlamentsreform – Demokratiereform. Melk/Wien: Wedl Verlag 1969.
FLEISCHHACKER, Michael: Politikerbeschimpfung.
Das Ende der 2. Republik. Salzburg: Ecowin Verlag, 2008.
FRIESL, Christian/Regina POLAK/Ursula HAMACHERS-ZUBA (Hg.): Die Österreicher/-innen – Wertewandel 1990-2008. Wien: Cernin Verlag, 2009.
HAIDER, Jörg: Die Freiheit die ich meine. Das Ende des Proporzstaates. Plädoyer für eine Dritte Republik. Berlin: Ullstein Taschenbuchverlag, 1993.
LEINEMANN, Jügen: Höhenrausch. Die wirklichkeitsleere Welt der Politiker. München: Heyne Verlag, 2005.

LESER, Norbert Leser: Der Sturz des Adlers: 120 Jahre österreichische Sozialdemokratie. Wien: Kremayr & Scheriau, 2008.
MANTL, Wolfgang (Hg.): Politik in Österreich. Die Zweite Republik: Bestand und Wandel. Wien-Köln-Graz: Böhlau Verlag, 1992.
MANTL, Wolfgang: Der österreichische Parteienstaat. Die Rolle und einige Gegenwartsprobleme der Parteien in der österreichischen Demokratie. Retzhof/Leibnitz: 1969 (= Retzhof-Schriften zur politischen Bildung, Heft 13).
MEYER, Thomas: Mediokratie – auf dem Weg in eine andere Demokratie? Frankfurt am Main: Suhrkamp, 2001.
MOLDEN, Fritz: Vielgeprüftes Österreich. Meine politischen Erinnerungen. Wien: Amalthea Verlag, 2007.
NEISSER, Heinrich/Anton PELINKA (Hg.): Für ein mehrheitsförderndes Wahlrecht in Österreich – 8 Plädoyers. Melk/Wien: Wedl Verlag 1971.
PAYRLEITNER, Alfred (Hg.): Österreich Neu. Herausforderungen nach der Wende. Wien: Molden Verlag, 2000.
PAYRLEITNER, Alfred (Hg.): Die Fesseln der Republik. Ist Österreich reformierbar? Wien: Molden Verlag, 2002.
PAYRLEITNER, Alfred (Hg.): Aufbruch aus der Erstarrung. Neue Wege in die österreichische Politik. Wien: Molden Verlag, 1999.
POIER Klaus/Christian BRÜNNER/Wolfgang MANTL/Manfried WELAN (Hg.): Minderheitenfreundliches Mehrheitswahlrecht. Rechts- und politikwissenschaftliche Überlegungen zu Fragen des Wahlrechts und der Wahlsystematik. Wien: Böhlau Verlag, 2001.
POIER, Klaus: Demokratie im Umbruch – Perspektiven einer Wahlrechtsreform. Wien: Böhlau Verlag 2009.
POLASCHEK, Martin: Föderalismus als Wert? Eine Studie zu den Reformmöglichkeiten des österreichischen Bundesstaates. Erstellt im Auftrag des Modell Steiermark, Graz 1999.
RITSCHEL, Karl-Heinz (Hg.): Demokratiereform – Die Existenzfrage Österreichs. Wien/Hamburg: Zsolnay 1969.
SCHAMBECK, Herbert (Hg.): Bundesstaat und Bundesrat in Österreich. Wien: Verlag Österreich, 1997.
SCHAMBECK, Herbert/Johannes HENGSTSCHLÄGER (Hg.): Der Staat und seine Ordnung. Ausgewählte Beiträge zur Staatslehre und zum Staatsrecht. Wien: Verlag Österreich, 2002.

Publikationsreihen:

Österreichisches Jahrbuch für Politik, beginnend ab Jahrgang 1980.
Steirisches Jahrbuch für Politik, beginnend ab Jahrgang 2000.
Politicum, Schriftenreihe, beginnend ab 1980.
Wolfgang MANTL, Christian BRÜNNER, Manfried WELAN (Hg.).
Studien zu Politik und Verwaltung. Böhlau Verlag Wien.
http://www.boehlau.at/Studien_zu_Politik_und_Verwaltung.htm

Internetlinks:

www.mehrheitswahl.at
www.parlamentarismus.at
www.foederalismus.at

Personenregister

A

B

G

H

J

K

L

M

N

O

P

R

S

T

U

V

W

Z

Biografische Notizen zu den Autoren der einführenden Beiträge

Gerd Bacher

Geboren 1925 in Salzburg; 1947–1954 Redakteur bei Salzburger Tageszeitungen, zuletzt Ressortchef unter Chefredakteur G. A. Canaval bei den *Salzburger Nachrichten;* 1954–1958 Chefredakteur des neugegründeten *Bildtelegraf* in Wien; 1958–1960 Mitbegründer und Chefredakteur des *Wiener Express;* 1961–1967 Geschäftsführer des Druck- und Verlagshauses Fritz Molden; 1967–1974 Generalintendant des Österreichischen Rundfunks, Konzipierung und Durchführung der Rundfunkreform; 1974–1978 Medienberater und freier Journalist, Wahlkampfberater des damaligen Kanzlerkandidaten Helmut Kohl; 1978–1986 Generalintendant des ORF; ab 1986 Medienberater großer deutscher Unternehmen, Wahlkampfberater des deutschen Bundeskanzlers Helmut Kohl während der Kampagne 1986/87 und freier Journalist; 1989–1990 Herausgeber der Wiener Tageszeitung *Die Presse;* 1990–1994 erneut Generalintendant des ORF; 2001 Vorsitzender des Weisenrates zur ORF-Reform; 2008 Proponent der „Initiative Mehrheitswahlrecht (und Demokratiereform)"; 2009 Proponent der Plattform „Rettet den ORF".

Dr. Erhard Busek

Geboren 1941 in Wien; 1991–1995 Vizekanzler der Republik Österreich und Bundesparteiobmann der Österreichischen Volkspartei; 1989–1994 Bundesminister für Wissenschaft und Forschung; 1994–1995 Bundesminister für Unterricht und kulturelle Angelegenheiten; 2000–2001 Regierungsbeauftragter für EU-Erweiterungsfragen; seit 1995 Vorsitzender des Instituts für den Donauraum und Mitteleuropa (IDM); seit November 1996 Koordinator der Southeast European Cooperative Initiave (SECI); seit April 2000 Präsident des Europäischen Forum Alpbach (EFA); 2002–2008 Sonderkoordinator des Stabilitätspaktes für Südosteuropa; seit Oktober 2004 Rektor der Fachhochschule Salzburg; seit Dezember 2005 Präsident des Vienna Economic Forums (VEF); 2008 Proponent der „Initiative Mehrheitswahlrecht (und Demokratiereform)"; seit März 2008 Vorsitzender des Universitätsrates der Medizinischen Universität Wien; seit Oktober 2008 Inhaber des Jean Monnet-Lehrstuhls an der Fachhochschule Salzburg; seit März 2010 Präsident des EU-Russia Centre.

Waltraud Klasnic

Geboren 1945 in Graz; 1977–1990 Landesleiterin der Österreichischen Frauenbewegung; 1977–1981 Bundesrätin; 1981–1983 Landtagsabgeordnete; 1983–1988 Dritte Landtagspräsidentin; 1988–1993 Landesrätin; 1993–1996 Landeshauptmann-Stv.; 1993–1997 Vizepräsidentin des Österreichischen Wirtschaftsbundes; 1995–1999 Bundesparteiobmann-Stv. der ÖVP; 1996–2005 Landeshauptmann der Steiermark – als erste weibliche Landeschefin Österreichs – und Landesparteiobfrau der Steirischen Volkspartei; 2003–2005 Mitglied im Österreich-Konvent; seit 2006 Vorsitzende des Kuratoriums des Zukunftsfonds der Republik Österreich, Mitglied des Europäischen Wirtschafts- und Sozialausschusses; seit 2007 Geschäftsführende Gesellschafterin der Dreischritt GmbH; seit 2008 Präsidentin des Dachverbandes Hospiz Österreich; seit April 2010 Unabhängige Opferschutzanwältin.

Univ.-Prof. Dr. Heinrich Neisser

Geboren 1936 in Wien; 1955–1962 Studium der Rechtswissenschaften und anschließend der Staatswissenschaften an der Universität Wien; 1960–1961 Richteramtsanwärter; 1961–1966 Sekretär im Präsidium des Verfassungsgerichtshofes; ab 1966 im Bundeskanzleramt Leiter des Ministerratsdienstes; 1969/1970 Staatssekretär; 1970–1973 Abteilungsleiter im Verfassungsdienst; 1974–1980 Leiter der Stabsabteilung für gesellschaftspolitische Grundsatzfragen in der Vereinigung Österreichischer Industrieller; 1975–1987 und 1989–1999 Abgeordneter zum Nationalrat; 1987–1989 Bundesminister für Föderalismus und Verwaltungsreform; 1990–1994 Klubobmann der Österreichischen Volkspartei; 1994–1999 Zweiter Präsident des Nationalrates.
Wissenschaftliche Laufbahn: 1989 Honorarprofessor am Institut für Politikwissenschaften der Universität Wien; ab 1997 Gastprofessor am Institut für Politikwissenschaften an der Universität Innsbruck, ab 1999 Inhaber des Jean Monnet-Lehrstuhles am Institut für Politikwissenschaften an der Universität Innsbruck, ebendort seit Jänner 2008 emeritiert.
Seit 2008 Sprecher der „Initiative Mehrheitswahlrecht (und Demokratiereform); Präsident der österreichischen Forschungsgemeinschaft; Vorsitzender des Kuratoriums des Instituts für Höhere Studien.

Impressum

ISBN 978-3-85485-259-9

Lektorat: Anke Weber
Cover- und Buchgestaltung:
Bruno Wegscheider
Karikatur auf dem Umschlag:
Markus Szyszkowitz
Druck und Bindung:
Druckerei Theiss GmbH
St. Stefan im Lavanttal
Printed in Austria